The Best Of Bob Dylan Chord Songbook

AM997018

Compiled by Nick Crispin.
Edited by Tom Farncombe.
Music arranged by Matt Cowe and Rikky Rooksby.
Music processed by Paul Ewers Music Design.
Cover photograph © Ken Regan/camera5 inc.

Printed in the EU.

ISBN 978-1-84938-016-4

HAL•LEONARD®

Visit Hal Leonard Online at
www.halleonard.com

World headquarters, contact:
Hal Leonard
7777 West Bluemound Road
Milwaukee, WI 53213
Email: info@halleonard.com

In Europe, contact:
Hal Leonard Europe Limited
42 Wigmore Street
Marylebone, London, W1U 2RY
Email: info@halleonardeurope.com

In Australia, contact:
Hal Leonard Australia Pty. Ltd.
4 Lentara Court
Cheltenham, Victoria, 3192 Australia
Email: info@halleonard.com.au

All Along The Watchtower

Words & Music by Bob Dylan

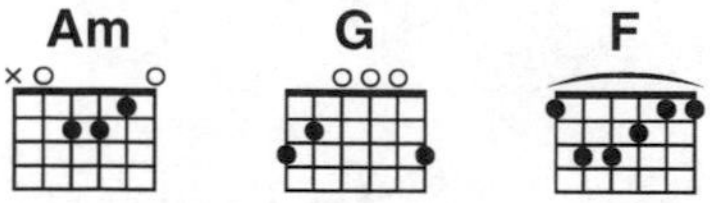

Capo fourth fret

Intro |: Am G | F G | Am G | F G :|

Verse 1

Am G F G
"There must be some way out of here,"
Am G F G
Said the joker to the thief,
Am G F G
"There's too much confusion,
Am G F G
I can't get no relief.
Am G F G
Businessmen, they drink my wine,
Am G F G
Plowmen dig my earth,
Am G F G
None of them along the line
Am G F G
Know what any of it is worth."

Link |: Am G | F G | Am G | F G :|

Verse 2

Am G F G
"No reason to get excited,"
Am G F G
The thief he kindly spoke,
Am G F G
"There are many here among us
Am G F G
Who feel that life is but a joke.

cont.

Am   G   F   G
  But you and I, we've been through that

Am   G   F   G
  And this is not our fate,

Am   G   F   G
  So let us not talk falsely now,

Am   G   F   G
  The hour is getting late."

Link

|: Am G | F G | Am G | F G :|

Verse 3

Am   G   F   G
  All along the watchtower

Am   G   F   G
  Princes kept the view

Am   G   F   G
  While all the women came and went,

Am   G   F   G
  Barefoot servants, too.

Am   G   F   G
  Outside in the distance

Am   G   F   G
  A wildcat did growl,

Am   G   F   G
  Two riders were approaching,

Am   G   F   G
  The wind began to howl.

Coda

| Am G | F G | Am G | F G |

| Am G | F G | Am ||

All I Really Want To Do

Words & Music by Bob Dylan

G C G/B D7 G/D D9 C/G

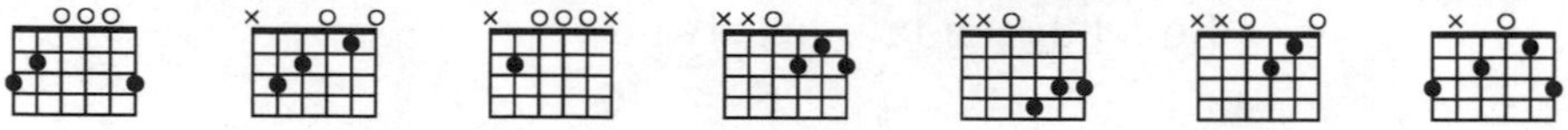

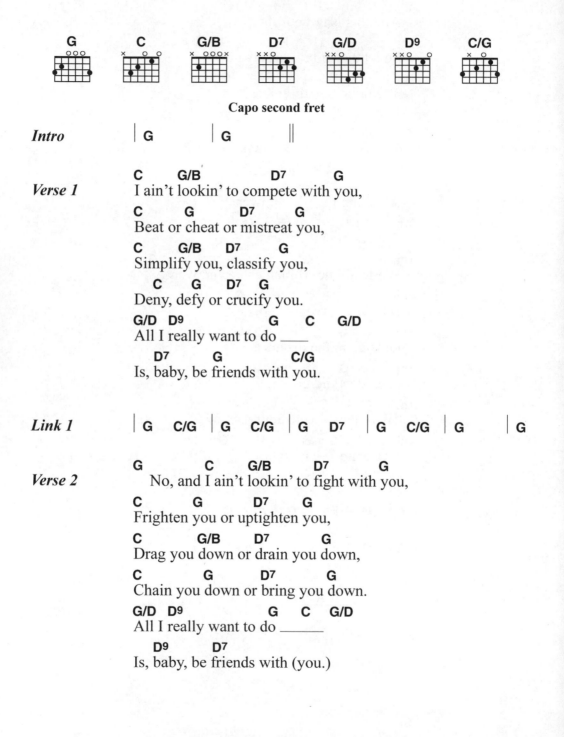

Capo second fret

Intro | G | G ||

Verse 1

```
C       G/B              D7          G
I ain't lookin' to compete with you,
C          G         D7       G
Beat or cheat or mistreat you,
C         G/B   D7         G
Simplify you, classify you,
    C      G     D7   G
Deny, defy or crucify you.
G/D  D9                 G       C     G/D
All I really want to do ____
    D7         G               C/G
Is, baby, be friends with you.
```

Link 1 | G C/G | G C/G | G D7 | G C/G | G | G

Verse 2

```
G              C        G/B          D7           G
   No, and I ain't lookin' to fight with you,
C             G             D7        G
Frighten you or uptighten you,
C              G/B       D7              G
Drag you down or drain you down,
C               G            D7             G
Chain you down or bring you down.
G/D  D9                 G      C    G/D
All I really want to do ______
    D9          D7
Is, baby, be friends with (you.)
```

Link 2 | G C/G | G C/G | G D7 | G C/G D7 | G C/G | G
you.

Verse 3

C G/B D7 G
I ain't lookin' to block you up
C G D7 G
Shock or knock or lock you up,
C G/B D7 G
Analyze you, categorize you,
C G D7 G
Finalize you or advertise you.
G/D D9 G C G/D
All I really want to do ______
D9 G C/G
Is, baby, be friends with you.

Link 3 | G/D D7 | G C/G | G/D D7 | G C/G | G ||

Verse 4

C G/B D7 G
I don't want to straight-face you,
C G D7 G
Race or chase you, track or trace you,
C G/B D7 G
Or disgrace you or displace you,
C G D7 G
Or define you or confine you.
G/D D9 G C G/D
All I really want to do ______
D7 G C/G
Is, baby, be friends with you.

Link 4 | G/D D7 | G C/G | G/D D7 | G C/G | G ||

Verse 5

C G/B D7 G
I don't want to meet your kin,
C G D7 G
Make you spin or do you in,
C G/B D7 G
Or select you or dissect you,
C G D7 G
Or inspect you or reject you.
G/D D9 G C G/D
All I really want to do ______
D7 G C/G
Is, baby, be friends with you.

Link 5

𝄆 G/D D7 | G C/G | G/D D7 | G C/G 𝄇

| G/D D9 | G C/G | G/D D7 | G C/G | G ‖

Verse 6

```
C         G/B      D7        G
I don't want to fake you out,
C         G            D7        G
Take or shake or forsake you out,
C        G/B                D7       G
I ain't looking for you to feel like me,
C           G       D7       G
See like me or be like me.
G/D  D9                  G       C    G/D
All I really want to do ______
    D7         G            C/G
Is, baby, be friends with you.
```

Link 6

𝄆 G D7 | G C/G | G D7 | G C/G 𝄇 *Repeat to fade*

Blind Willie McTell

Words & Music by Bob Dylan

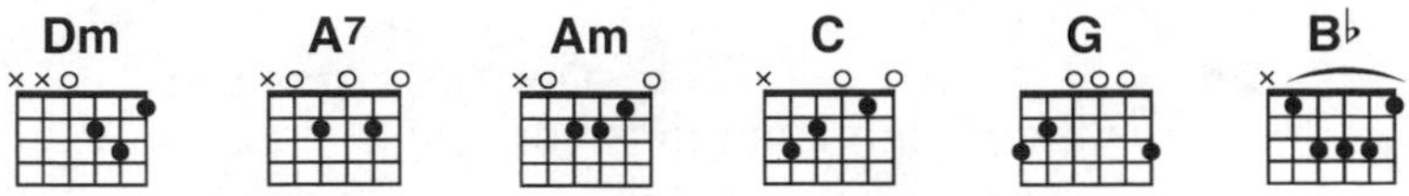

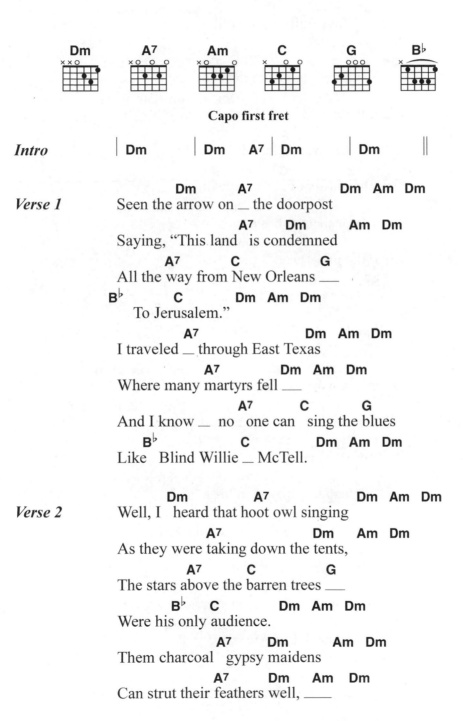

Capo first fret

```
Intro      | Dm          | Dm     A7 | Dm          | Dm          ||

                    Dm       A7              Dm  Am  Dm
Verse 1    Seen the arrow on _ the doorpost
                     A7     Dm       Am  Dm
           Saying, "This land  is condemned
                  A7      C          G
           All the way from New Orleans _
          B♭         C        Dm  Am  Dm
             To Jerusalem."
                   A7             Dm  Am  Dm
           I traveled _ through East Texas
                        A7       Dm  Am  Dm
           Where many martyrs fell _
                           A7       C       G
           And I know _  no  one can  sing the blues
               B♭              C        Dm  Am  Dm
           Like  Blind Willie _ McTell.

                   Dm         A7              Dm  Am  Dm
Verse 2    Well, I  heard that hoot owl singing
                       A7               Dm   Am  Dm
           As they were taking down the tents,
                     A7      C        G
           The stars above the barren trees _
                   B♭   C        Dm  Am  Dm
           Were his only audience.
                           A7    Dm        Am  Dm
           Them charcoal  gypsy maidens
                          A7    Dm   Am   Dm
           Can strut their feathers well, _
```

cont.

A7 C G
But nobody can sing the blues __
B♭ C Dm Am Dm
Like Blind Willie __ McTell.

Verse 3

Dm A7 Dm Am Dm
See them big plantations burning,
A7 Dm Am Dm
Hear the cracking of the whips,
A7 C G
Smell that sweet magnolia blooming,
B♭ C Dm
See the ghosts of __ slavery ships.
A7 Dm Am Dm
I can hear them tribes a-moaning,
A7 Dm
Hear the undertaker's bell,
A7 C G
Nobody can sing the blues __
B♭ C Dm Am Dm
Like Blind __ Willie McTell.

Verse 4

Dm A7 Dm Am Dm
There's a woman __ by the river __
A7 Dm Am Dm
With some fine young handsome man.
A7 C G
He's dressed up like a squire,
B♭ C Dm
Bootlegged whiskey in his hand. __
A7 Dm Am Dm
There's a chain gang on the highway,
A7 Dm Am Dm
I can hear them rebels yell
A7 C G
And I know no one can sing the blues
B♭ C Dm Am Dm
Like Blind Willie McTell.

Link

| Dm A7 | Dm Am Dm | Dm A7 | Dm Am Dm |

| Dm A7 | C G | B♭ C | Dm Am Dm | Dm Am Dm ||

Verse 5

```
        Dm      A7                Dm  Am  Dm
Well, God is in His heaven
                A7                Dm  Am  Dm
And we all _ want what's His,
                  A7              C          G
But power and greed and corruptible seed __
B♭              C             Dm
Seem to be all that there is.
                A7                Dm  Am  Dm
I'm gazing out the window
              A7              Dm  Am  Dm
Of the St. James Hotel __
                    A7   C            G
And I know no   one   can sing the blues
B♭                C            Dm   Am  Dm
   Like Blind Willie McTell.
```

Coda

Dm A7	Dm Am Dm	Dm A7	Dm Am Dm
Dm A7	C G	B♭ C	Dm Am Dm
Dm A7	Dm Am Dm	Dm A7	Dm Am Dm
Dm A7	C G	B♭ C	Dm	

Blowin' In The Wind

Words & Music by Bob Dylan

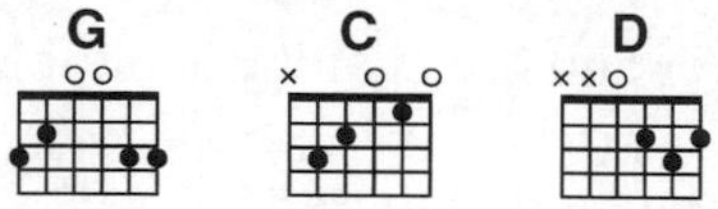

Capo fifth fret

```
Intro       | G     ||

            G          C             D        G
Verse 1     How many roads must a man walk down
                       C          G
            Before you call him a man?
                       C            D           G
            How many seas must a white dove sail
                       C              D
            Before she sleeps in the sand?
                      G           C                 D             G
            Yes, 'n' how many times must the cannon balls fly
                                C        G
            Before they're forever banned?

                  C           D          G                C
Chorus 1    The answer, my friend, is blowin' in the wind,
                               D              G
            The answer is blowin' in the wind.

Link 1      | C  D | G  C | C  D | G     ||
```

Verse 2

```
         G          C           D              G
Yes, 'n' how many years can a mountain exist
           C             G
Before it is washed to the sea?
                    C           D            G
Yes, 'n' how many years can some people exist
                   C           D
Before they're allowed to be free?
         G          C           D           G
Yes, 'n' how many times can a man turn his head,
                      C          G
And pretend that he just doesn't see?
```

Chorus 2 As Chorus 1

Link 2 | C D | G C | C D | G ||

Verse 3

```
                   C           D          G
Yes 'n' how many times must a man look up
                C      G
Before he can see the sky?
                    C          D        G
Yes, 'n' how many ears must one man have
                C           D
Before he can hear people cry?
         G          C            D          G
Yes, 'n' how many deaths will it take till he knows
                 C                 G
That too many people have died?
```

Chorus 3 As Chorus 1

Coda | C D | G C | C D | G ||

Brownsville Girl

Words & Music by Bob Dylan & Sam Sheppard

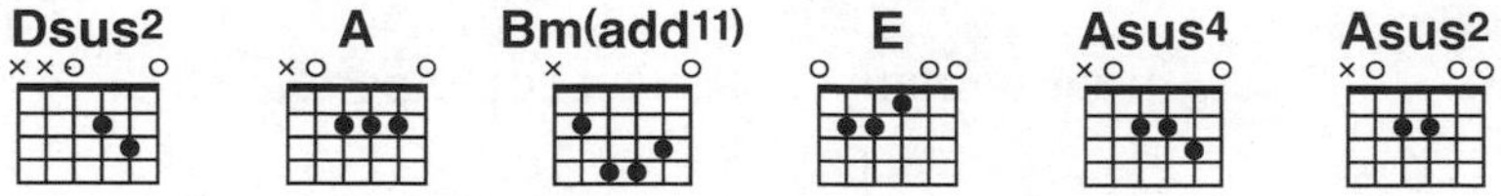

Intro ‖: Dsus2 A Bm(add11) E | A Asus4 A :‖

Verse 1

A Dsus2
Well, there was this movie I seen one time,
Bm(add11)
About a man riding 'cross the desert
E A Asus4 A
And it starred Gregory Peck.

He was shot down by a hungry kid
Dsus2
Trying to make a name for him - self.
Bm(add11)
The townspeople wanted to crush that kid down
E A
And string him up by the neck.

Verse 2

A Dsus2
Well, the marshal, now he beat that kid to a bloody pulp,
Bm(add11) E
As the dying gunfighter lay in the sun
A Asus4 A
And gasped for his last breath.

"Turn him loose, let him go,
Dsus2
Let him say he outdrew me fair and square,
Bm(add11)
I want him to feel what it's like
E A Asus4 A
To every moment face his death."

Verse 3

A Dsus2
Well, I keep seeing this stuff and it just comes a-rolling in,
Bm(add11)
And you know it blows right through me
E A Asus4 A
Like a ball and chain.

You know I can't believe we've lived so long
Dsus2
And are still so far apart.
Bm(add11) E A Asus4 A
The memory of you keeps callin' after me like a roll - in' train.

Verse 4

A Dsus2
I can still see the day that you came to me on the painted desert,
Bm(add11) E A
In your busted down Ford and your platform heels.

I could never figure out why you chose
Dsus2
That particular place to meet,
Bm(add11)
Ah, but you were right.
E A Asus4 A
It was perfect as I got in behind the wheel.

Verse 5

A Dsus2
Well, we drove that car all night until we got into San An - ton',
Bm(add11) E A
And we slept near the Alamo, your skin was so tender and soft.

Way down in Mexico you went out to find a doctor
Dsus2
And you never came back.
Bm(add11)
I would have gone on after you
E A
But I didn't feel like letting my head get blown off.

Verse 6

A
Well, we're drivin' this car
Dsus2
And the sun is comin' up over the Rock - ies,
Bm(add11)
Now I know she ain't you but she's here
E A Asus4 A
And she's got that dark rhythm in her soul.

But I'm too over the edge and I ain't in the mood anymore
Dsus2
To remember the times when I was your only man,
Bm(add11)
And she don't want to remind me.
E A Asus4 A
She knows this car would go out of con - trol.

Chorus 1

A Dsus2
Brownsville girl with your Brownsville curls,
Bm(add11) E A Asus4 A
Teeth like pearls shining like the moon a - bove.
Dsus2
Brownsville girl, show me all around the world,
Bm(add11) E A
Brownsville girl, you're my honey love.

Verse 7

A
Well, we crossed the panhandle
Dsus2
And then we headed towards Ama - rillo,
Bm(add11)
We pulled up where Henry Porter used to live.
E A Asus4
He owned a wreckin' lot outside of town about a mile.
A
Ruby was in the backyard hanging clothes,
Dsus2
She had her red hair tied back.

She saw us come rolling up in a trail of dust.
Bm(add11) E
She said, "Henry ain't here but you can come on in,
A Asus4 A
He'll be back in a little while."

Verse 8

A
Then she told us how times were tough
Dsus2
And about how she was thinkin' of bummin' a ride

Back to where she started,
Bm(add11) E A
But she changed the subject every time money came up.
Asus4 A
She said, "Welcome to the land of the living dead."
Dsus2
But you could tell she was so broken-hearted.
Bm(add11)
She said, "Even the swap meets around here
E A Asus4 A
Are getting pretty corrupt."

Verse 9

A Dsus2
"How far are y'all going?" Ruby asked us with a sigh.
Bm(add11) E A
"We're going all the way till the wheels fall off and burn,

Till the sun peels the paint
Dsus2
And the seat covers fade and the water moccasin dies."
Bm(add11)
Ruby just smiled and said,
E A Asus2 A
"Ah, you know some babies never learn."

Verse 10

A
Something about that movie though,
Dsus2
Well I just can't get it out of my head,
Bm(add11)
But I can't remember why I was in it
E A
Or what part I was supposed to play.
Asus2 A
All I re - member about it was is Gregory Peck
Dsus2
And the way people moved,
Bm(add11) E A
And a lot of them seemed to be lookin' my way.

Chorus 2

A   Dsus2
Brownsville girl with your Brownsville curls,
Bm(add11)   E   A
Teeth like pearls shining like the moon a - bove.
A   Dsus2
Brownsville girl with your Brownsville curls,
Bm(add11)   E   A
Brownsville girl, you're my honey love.

Sax. solo 1

| A | Dsus2 | Bm(add11) E | A ‖

Verse 11

A   Dsus2
Well, they were looking for somebody with a pompadour.
    Bm(add11)   E   A
I was crossin' the street   when shots rang out.
                                            Dsus2
I didn't know whether to duck or to run, so I ran.
                Bm(add11)   E   A
"We got him cornered in the churchyard," I heard somebody shout.

Verse 12

A
Well, you saw my picture in the *Corpus Christi Tribune,*
                                           Dsus2
Underneath it, it said, "A man with no alibi."
                     Bm(add11)   E   A
You went out on a limb to testify for me,   you said I was with you.

Then when I saw you break down in front of the judge
      Dsus2
And cry real tears,
             Bm(add11)   E   A
It was the best acting I saw anybody do.

Verse 13

A
Now I've always been the kind of person that doesn't like to trespass
                                 Dsus2
But sometimes you just find yourself over the line.
                              Bm(add11)   E   A
Oh, if there's an o - riginal thought out there,   I could use it right now.

You know, I feel pretty good, but that ain't sayin' much.
                                 Dsus2
I could feel a whole lot better,
Bm(add11)   E   A
  If you were just here by my side to show me how.

Verse 14

```
A
Well, I'm standin' in line in the rain
                                  Dsus2
To see a movie starring Gregory Peck,
               Bm(add11)                 E          A
Yeah, but you know it's not the one that I had in mind.
                              Dsus2
He's got a new one out now, I don't even know what it's about,
                   Bm(add11)  E                A
But I'll see him in anything so   I'll stand in line.
```

Chorus 3

```
A                            Dsus2
Brownsville girl with your Brownsville curls,
Bm(add11)        E                        A      Asus4  A
Teeth like pearls shining like the moon a - bove.
                    Dsus2
Brownsville girl, show me all around the world,
Bm(add11)          E                A
Brownsville girl, you're my honey love.
```

Sax. solo 2

```
|: A          | Dsus2        | Bm(add11)  E | A          :|
```

Verse 15

```
A
You know, it's funny how things never turn out
Dsus2
The way you had 'em planned.
                   Bm(add11)
The only thing we knew for sure about Henry Porter
E                          A
Is that his name wasn't Henry Porter.

And you know there was somethin' about you baby that I liked
                                      Dsus2
That was always too good for this world.
                      Bm(add11)                        E
Just like you always said there was somethin' about me you liked
                                         A
That I left behind in the French Quarter.
```

```
             A
Verse 16     Strange how people who suffer together have stronger connections
                                   Dsus2
             Than people who are most content.
                                  Bm(add11)
             I don't have any re - grets,
                                  E                   A
             They can talk about me plenty when I'm gone.

             You always said people don't do what they believe in,
                                Dsus2
             They just do what's most convenient, then they repent.
                Bm(add11)
             And I always said,
                                       E                    A
             "Hang on to me, baby, and let's hope that the roof stays on."

             A                               Dsus2
Verse 17     There was a movie I seen one time, I think I sat through it twice,
              Bm(add11)                     E                A
             I don't remember who I was or where I was bound.
                                                       Dsus2
             All I remember about it was it starred Gregory Peck,

             He wore a gun and he was shot in the back.
             Bm(add11)                      E                          A
             Seems like a long time ago, long before the stars were torn down.

              A                          Dsus2
Chorus 4     ||: Brownsville girl with your Brownsville curls,
             Bm(add11)        E                          A      Asus4  A
             Teeth like pearls shining like the moon a - bove.
                               Dsus2
             Brownsville girl, show me all around the world,
             Bm(add11)         E                    A
             Brownsville girl, you're my honey love. :||  Play 3 times to fade
```

Chimes Of Freedom

Words & Music by Bob Dylan

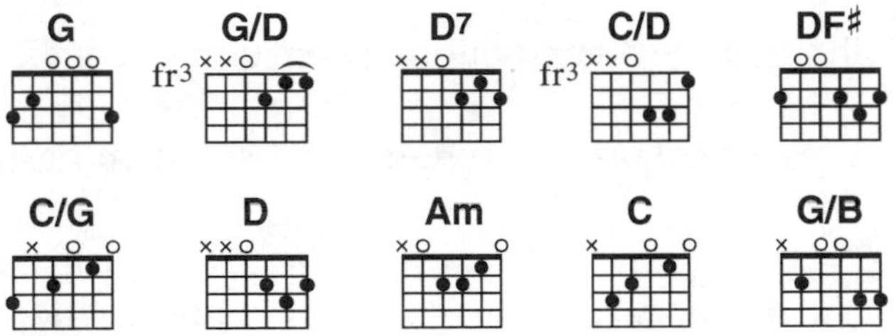

Intro | G ||

Verse 1

```
G/D                          D7        G/D          C/D    G
   Far between sundown's finish and midnight's broken toll,
    G/D        C/D       G/D          D/F♯          G              C/G   G
We ducked inside the doorway as thunder went crashing.
        G/D              C/D          G/D       C/D    G/D        C/D
As majestic bells of bolts struck shadows in the sounds,
G/D               C/D  G/D         D/F♯       G              C/G   G
Seeming to be the    chimes of freedom flashing.
D                                    G           C/G     G
Flashing for the warriors whose strength is not to fight,
C/G                      G            Am                     D7
Flashing for the refugees on the unarmed road of flight,
         G                  D7              G            C/G
And for   each and every underdog soldier in the night.
         G                D7                        G          C/G   G
And we gazed upon the chimes of freedom flashing.
```

Verse 2

```
                G/D               C/D        G/D    C/D    G/D         C/D
Through the city's melted furnace, unexpectedly we watched
     G/D   C/D     D/F♯                       G       C/G   G
With faces hidden as the walls were tightening.
       G/D          C/D               G/D            C/D         G/D   C/D
As the echo of the wedding bells before the blowing rain
    G/D        C/D   D/F♯               G      C/G   G
Dissolved into the bells of the lightning.
```

```
cont.        D                          G
             Tolling for the rebel, tolling for the rake,
             C/G                          G      Am                 D7
             Tolling for the luckless,   the abandoned and forsaked,
             G                  C/G            G              C/G
             Tolling for the outcast burning constantly at stake,
                         G                   C         G/B    D7      G            C/G  G
             And we gazed upon the chimes of    freedom flashing.

                                 G/D             C/D                    G/D   C/D    G/D    C/D
Verse 3      Through the mad, mystic hammering of the wild, ripping hail,
                  G/D   C/D            D/F#                        G      C/G  G
             The sky   cracked its poems in naked wonder,
                         G/D                              C/D         G/D   C/D   G/D     C/D
             That the clinging of the church bells blew far into the breeze
                         G/D  C/D        D/F#                 G          C/G  G
             Leaving only bells of lightning and its thunder.
             D                                G
                Striking for the gentle, striking for the kind,
             C/G                        G                  Am                D
             Striking for the guardians and protectors of the mind,
                         G                   D7            G                C/G
             And the poet and the painter far behind his rightful time,
                         G                   C              D7            G         C/G  G
             And we gazed upon the chimes of freedom flashing.

                       G/D                 C/D            G/D      C/D         G/D   C/D
Verse 4      In the wild cathedral evening, the rain unraveled tales
                         G/D         C/D        D/F#                      G      C/G  G  D7
             For the disrobed faceless forms of no position.
             G/D                 C/D                 G/D        C/D              G/D      C/D
             Tolling for the tongues, with no place to bring their thoughts
                  G/D       C/D        D/F#               G     C/G  G
             All down in taken-for-granted situations.
             D                                   G
             Tolling for the deaf and blind, tolling for the mute,
                          C/G                          G                 Am           D
             For the mistreated, mateless mother, the mistitled prostitute,
                          G                    D7                   G                          C/G
              For the misdemeanor outlaw, chained and cheated by pursuit,
                          G                  C              D7            G        C/G
             And we gazed upon the chimes of freedom flashing.

Link 1       | D    | G    | G    | G    | G    ||
```

Verse 5

          G/D   C/D   G/D   C/D   G/D   C/D
Even though a cloud's white curtain in a far-off corner flared
              G/D   C/D   D/F♯   G   C/G G
And the hypnotic splattered mist was slowly lifting,
              G/D   C/D   G/D   C/D   G/D C/D
Electric light still struck like arrows, fired but for the ones
      G/D   C/D   D/F♯   G   C/G G
Condemned to drift, or else be kept from drifting.
D   G
Tolling for the searching ones, on their   speechless, seeking trail,
             C/G   G   Am   D7
For the lonesome-hearted lovers with too personal a tale,
        G   D   G   C/G
And for each unharmful, gentle soul misplaced inside a jail,
             G   C   D7   G   C/G G D7
And we gazed upon the chimes of freedom flashing.

Link 2

| G/D | C/D | G/D | C/D G/D C | G |

| C/G D7 | C C/G | G | G | G ||

Verse 6

G/D   C/D   G/D   C/D   G/D   C/D
Starry-eyed and laughing, as I recall, when we were caught,
G/D   C/D   D/F♯   G   C/G G
Trapped by no track of hours, for they hanged suspended
         G/D   C/D   G/D   C/D   G/D   C/D
As we listened one last time and we watched with one last look,
G/D   C/D   D/F♯   G   C/G G
Spellbound and   swallowed 'til the tolling ended.
D   G
Tolling for the aching whose wounds cannot be nursed,
          C/G   G
For the countless confused, accused, misused,
Am   D7
   Strung-out ones and worse,
          G   D7   G   C/G
And for every hung-up person in the whole wide universe,
          G   C   G/B   D7   G   C/G D7 G
And we gazed upon the chimes of   freedom flashing.

Changing Of The Guards

Words & Music by Bob Dylan

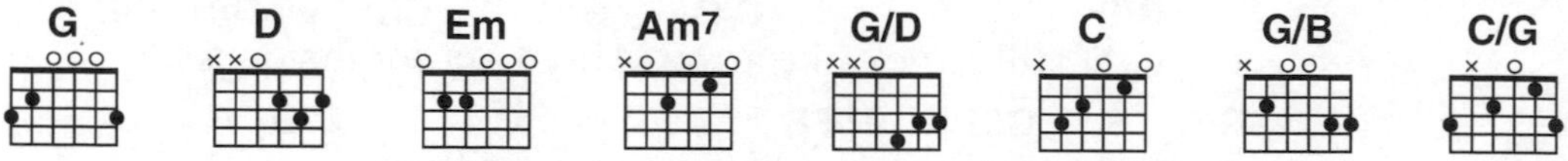

Capo first fret

Verse 1

G D Em
Six - teen years,
Am7 G/D D Em
Sixteen banners u - nited over the fields
C D
Where the good shepherd grieves.
Em Am7 G/D D
Desperate men, desperate women div - ided,
Em
Spreading their wings
C D G
'Neath the fall-ing leaves.

Verse 2

G D Em
For - tune calls.
Am7 G/D D Em
I stepped forth from the shadows, to the market - place,
C D Em
Merchants and thieves, hungry for power, my last deal gone down.
Am7 G/D D Em
She's smelling sweet like the meadows where she was born,
C
On midsummer's eve,
D G
Near the tower.

Link 1

| G/B D | C | G/B D | C |
| G/B D | C D | G C/G ||

Verse 3

```
G              D          Em
   The cold-blooded moon.
      Am7     G/D                       D
The captain waits above the cele - bration
              Em             C           D
Sending his thoughts to a   beloved maid
                Em   Am7    G/D                 D
Whose ebony face is be - yond communi - cation.
                 Em
The captain is down
                               C          D        G
But still believing that his love will be re - paid.
```

Verse 4

```
       G         D   Em
They shaved her head.
           Am7             G/D            D
She was torn between   Jupiter and A - pollo.
                        Em         C                  D
A messenger arr - ived with a black nightin - gale.
                       Em     Am7 G/D                D
I seen her on the stairs and I   couldn't help but follow,
             Em
Follow her down
                                  C    D       G
Past the fountain where they lift - ed her veil.
```

Link 2

```
| G/B   D   | C           | G/B   D   | C           |
| G/B   D   | C     D     | G     C/G ||
```

Verse 5

```
G                D        Em
   I stumbled to my feet.
  Am7              G/D             D
I rode past des - truction in the ditches
           Em                                C                     D
With the stitches still mending 'neath a heart-shaped tat - too.
            Em       Am7  G/D                   D
Renegade priests and       treacherous young witches
       Em
Were handing out the flowers
          C   D     G
That I'd   given to you.
```

Verse 6

```
  G      D  Em
The palace of  mirrors
Am7       G/D           D
Where dog  soldiers are re - flected,
               Em           C        D
The endless road and the wailing of chimes,
             Em    Am7      G/D          D
The empty rooms where her memory is pro - tected,
             Em
Where the angels' voices whisper
        C       D      G
To the souls of previous times.
```

Link 2

```
| G/B  D  | C       | G/B  D  | C       |
| G/B  D  | C   D   | G   C/G ||
```

Verse 7

```
  G    D   Em
She wakes him up
      Am7        G/D          D
Forty-eight hours later, the sun is breaking
             Em                    C             D
Near broken chains, mountain laurel and rolling rocks.
                  Em    Am7 G/D                          D
She's begging to know what measures he now will be ta - king.
                 Em
He's pulling her down
                                 C     D       G
And she's clutching on to his  long golden locks.
```

Verse 8

```
 G     D       Em
"Gentlemen," he said,
 Am7    G/D               D                        Em
"I don't need your organ - isation, I've shined your shoes,
                    C                          D
I've moved your mountains and marked your cards
             Em              Am7       G/D         D
But Eden is burning, either get ready   for elimin - ation
             Em
Or else your hearts
                                 C         D     G
Must have the courage for the changing of the guards."
```

Link 3

```
| G/B   D   | C         | G/B   D   | C         |

| G/B   D   | C     D   | G     C/G ||
```

Verse 9

```
G      D    Em
Peace will come
Am7        G/D          D                             Em
With tran - quility and splendour on the wheels of fire
           C             D                          Em
But will offer no re - ward when her false idols fall
Am7  G/D                 D                    Em
And  cruel death sur - renders with its pale ghost retreating
               C              D              G
Between the King and the Queen of Swords.
```

Coda

```
| Em      | Em   Am7 | G/D     | D       |

| Em      | Em       | C       | D       |

| Em      | Em   Am7 | G/D     | D       |

| Em      | Em       | C    D  | G       |

| G/B  D  | C        | G/B  D  | C       |

| G/B  D  | C    D   | G       ||  To fade
```

Dark Eyes

Words & Music by Bob Dylan

⑥ = D ③ = G
⑤ = G ② = B
④ = D ① = D

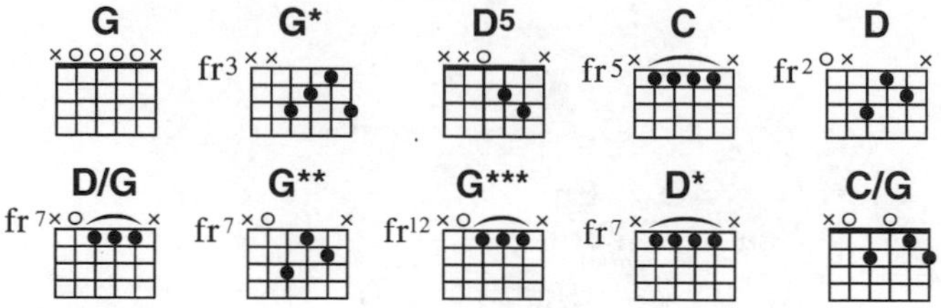

Intro

|: G D5 G | C D |
| G D5 G | C G :|

Verse 1

G D5 G C D
Oh, the gent - le - men are talk - ing
G D5 G C G
And the mid - night moon is on the riverside.
D5 G C D
They're drink - ing up and walk - ing,
G D5 G C G
And it is time for me to slide.
D/G G C D
I live in an - other world
D/G G C D
Where life and death are memorised,
G D5 G C D
Where the earth is strung with lovers' pearls,
G D5 G C G
And all I see are dark eyes.

Harmonica 1

| G D5 G | C D |
| G D5 G | C/G G ||

Verse 2

G D5 G C D
A cock is crowing far away
G D5 G C G
And an - oth - er sol - dier's deep in prayer.
D5 G C D
Some moth - er's child has gone a - stray,
G D5 G C G
She can't find him an - y - where.
D/G G C D
But I can hear an - other drum,
D/G G C D
Beat - ing for the dead that rise,

cont.

G D5 G C D
Whom nat - ure's beast fears as they come,
G D5 G C G
And all I see are dark eyes.

Harmonica 2 As Harmonica 1

Verse 3

G D5 G C D
They tell me to be dis - creet
G D5 G C G
For all in - tend - ed pur - pos - es,
G D5 G C D
They tell me re - venge is sweet,
G D5 G C G
And from where they stand, I'm sure it is.
D/G G C D
But I feel no - thing for their game,
D/G G C D
Where beau - ty goes un - re - cog - nized.
G D5 G C D
All I feel is heat and flame
G D5 G C G
And all I see are dark eyes.

Harmonica 3 As Harmonica 1 *(Play twice)*

Verse 4

G D5 G C D
Oh, the French girl, she's in par - a - dise
G D5 G C G
And a drun - ken man is at the wheel,
G D5 G C D
Hun - ger pays a heav - y price
G D5 G C G
To the fall - ing gods of speed and steel.
D/G G C D
Oh, time is short and the days are sweet
D/G G G C D
And pas - sion rules the arrow that flies,
G D5 G C D
A mil - lion fac - es at my feet
G D5 G C G
But all I see are dark eyes.

Outro

‖: G D5 G | C/G D | G D5 G | C/G G :‖
‖: D/G G | C D :‖ G D5 G | C D |
| G D5 G | C/G G | G D5 G | G C/G G ‖

Dignity

Words & Music by Bob Dylan

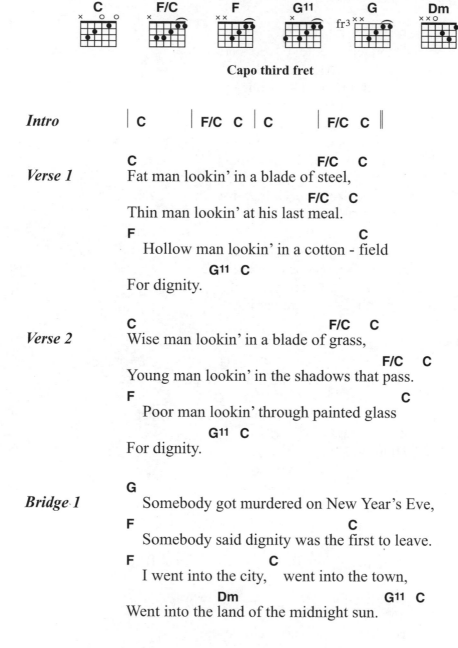

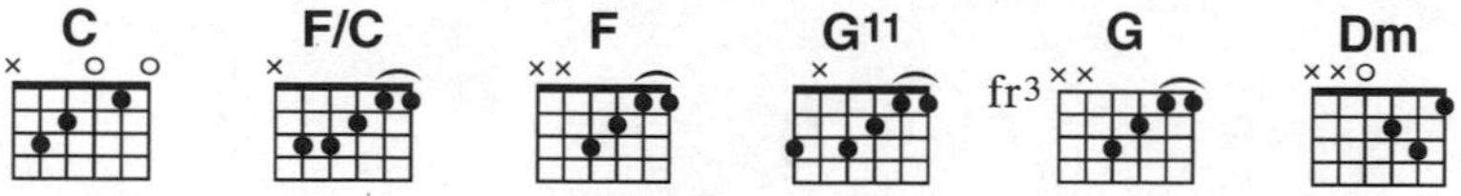

Capo third fret

Intro | C | F/C C | C | F/C C ||

Verse 1

```
C                                   F/C   C
Fat man lookin' in a blade of steel,
                                  F/C   C
Thin man lookin' at his last meal.
F                                       C
   Hollow man lookin' in a cotton - field
               G11  C
For dignity.
```

Verse 2

```
C                                     F/C   C
Wise man lookin' in a blade of grass,
                                                F/C   C
Young man lookin' in the shadows that pass.
F                                             C
   Poor man lookin' through painted glass
               G11  C
For dignity.
```

Bridge 1

```
G
   Somebody got murdered on New Year's Eve,
F                                       C
   Somebody said dignity was the first to leave.
F                       C
   I went into the city,    went into the town,
                 Dm                           G11  C
Went into the land of the midnight sun.
```

Verse 3

C F/C C
Searchin' high, searchin' low,

Searchin' everywhere I know.

F C
Askin' the cops wher - ever I go,

G11 C
Have you seen dignity?

Link 1

| C | F/C C ||

Verse 4

C
Blind man breakin' out of a trance,

C F/C C
Puts both his hands in the pockets of chance.

F C
Hopin' to find one circum - stance

G11 C
Of dignity.

Verse 5

C F/C C
I went to the wedding of Mary Lou,

F/C C
She said, "I don't want nobody see me talkin' to you."

F C
Said she could get killed if she told me what she knew

G11 C
About dignity.

Bridge 2

G
I went down where the vultures feed,

F C
I would've gone deeper, but there wasn't any need.

F C
Heard the tongues of angels and the tongues of men,

Dm G
Wasn't any difference to me.

Verse 6

C F/C C
Chilly wind sharp as a razor blade,

F/C C
House on fire, debts un - paid.

F C
Gonna stand at the window, gonna ask the maid,

G11 C
Have you seen dig - nity?

Link 2 | C | F/C C | C | F/C C ||

Verse 7

```
C                                              F/C   C
Drinkin' man listens to the voice he hears
                                                 F/C     C
In a crowded room full of covered-up mirrors.
F                                       C
   Lookin' into the lost forgotten years
              G11  C
For dignity.
```

Verse 8

```
C                                               F/C   C
Met Prince Phillip at the home of the blues,
                                               F/C              C
Said he'd give me information if his name wasn't used.
            F                    C
He wanted money up front, said he was abused
              G11  C
By dignity.
```

Bridge 3

```
G
   Footprints runnin' 'cross the silver sand,
F                             C
   Steps goin' down into tattoo land.
           F                         C
I met the sons of darkness and the sons of light
      Dm                         G
In the bordertowns of des - pair.
```

Verse 9

```
C                          F/C          C
Got no place to fade, got no coat,
                                    F/C    C
I'm on the rollin' river in a jerkin' boat.
F                               C
   Tryin' to read a note somebody wrote
                  G11  C
About dignity.
```

Instrumental | C | F/C C | C | F/C C |

| F | C | C | G11 C ||

Verse 10

C   F/C   C
Sick man lookin' for the doctor's cure,
                                       F/C   C
Lookin' at his hands for the lines that were.
F   C
  And into every masterpiece of literature
              G11   C
For dignity.

Verse 11

C   F/C   C
Englishman stranded in the blackheart wind,
                                     F/C   C
Combin' his hair back, his future looks thin.
F   C
  Bites the bullet and he looks within
              G11   C
For dignity.

Bridge 4

G
  Someone showed me a picture and I just laughed,
F   C
  Dignity never been photographed.
  F   C
I went into the red, went into the black,
Dm   G
  Into the valley of dry bone dreams.

Verse 12

C   F/C   C
So many roads, so much at stake,
                                          F/C   C
So many dead ends, I'm at the edge of the lake.
F   C
  Sometimes I wonder   what it's gonna take
                    G11   C
To find dignity.

Outro

|: C | F/C C | C | F/C C |
| F | C | C | G11 C :| *Repeat to fade*

Don't Think Twice, It's All Right

Words & Music by Bob Dylan

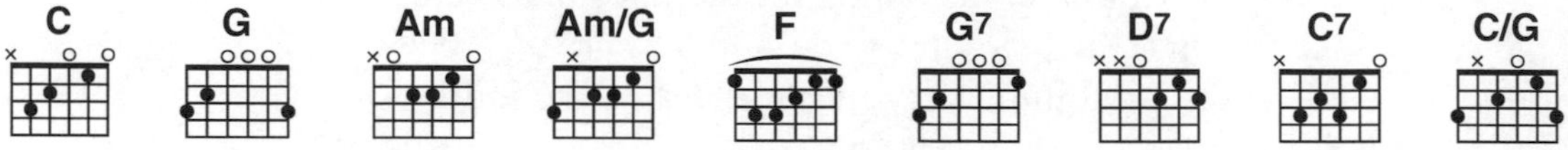

Capo fourth fret

Intro | C G | Am Am/G F | C G7 | C ||

Verse 1

C G Am Am/G
Well, it ain't no use to sit and wonder why, babe,
F C G7
If'n you don't know by now.
C G Am Am/G
An' it ain't no use to sit and wonder why, babe,
D7 G G7
It'll never do, somehow.
C C7
When your rooster crows at the break of dawn
F D7
Look out your window and I'll be gone,
C/G G Am Am/G F
You're the reason I'm travelling on,
C/G G C
But don't think twice, it's all right.

Link 1 | C G | Am Am/G | F | C | C |

Verse 2

C G Am Am/G
An' it ain't no use in turning on your light, babe,
F C G7
The light I never knowed.
C G Am Am/G
An' it ain't no use in turning on your light, babe,
D7 G G7
I'm on the dark side of the road.
C C7
But I wish there was something you would do or say
F D7
To try and make me change my mind and stay,

cont.

C/G G Am Am/G F
We never did too much talking anyway

C/G G C
So don't think twice, it's all right.

Link 2 As Link 1

Verse 3

C G Am Am/G
No, it ain't no use in calling out my name, gal,

F C G7
Like you never done before.

C G Am Am/G
It ain't no use in calling out my name, gal,

D7 G G7
I can't hear you any more.

C C7
I'm a-thinking and a-wondering walking down the road,

F D7
I once loved a woman, a child I am told,

C/G G Am Am/G F
I give her my heart but she wanted my soul

C/G G C
But don't think twice, it's all right.

Link 3

| C G | Am Am/G | F | C G | C | C |

Verse 4

C G Am
So long, __ honey babe,

Am/G F C G7
Where I'm bound, I can't tell.

C G Am Am/G
But goodbye's too good a word, babe.

D7 G G7
So I'll just say fare thee well.

C C7
I ain't saying you treated me unkind,

F D7
You could have done better but I don't mind.

C/G G Am Am/G F
You just kinda wasted my pre - cious time

C/G G C
But don't think twice, it's all right.

Coda

| C G | Am Am/G | F | C | C G | Am Am/G |

| D7 | G G7 | C | C7 | F | D7 |

| C/G G | Am Am/G F | C G | C F | C ||

Every Grain Of Sand

Words & Music by Bob Dylan

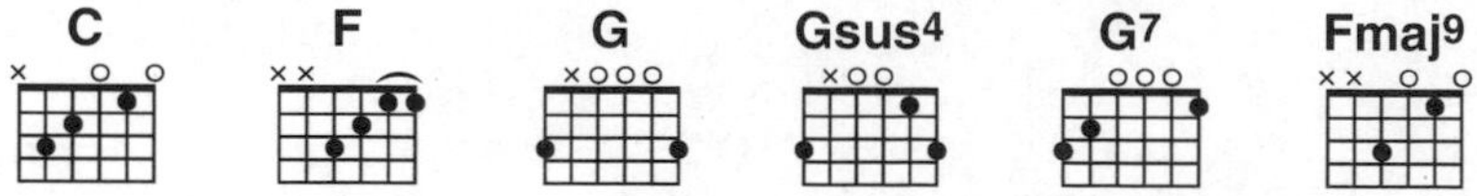

Capo third fret

Intro | C F | C F | C F | C F ||

Verse 1

```
        C              F             C                F
In the time of my confession, in the hour of my deepest need,
          C            F             G           Gsus4  G
When the pool of tears beneath my feet flood every newborn seed,
          C              F   C                  F
There's a dying voice within me   reaching out somewhere,
C             F                 G        Gsus4  G
Toiling in the danger and in the morals   of des-pair.
```

Chorus 1

```
        G          G7            C            G
Don't have the inclination to look back on any mistake,
                   G7                C                G     F
Like Cain, I now behold this chain of events that I must break.
        C          Fmaj9         C              Fmaj9
In the fury of the moment I can see the Master's hand
     C             Fmaj9          G     G7       C
In every leaf that trembles, in every grain of sand.
```

Verse 2

```
          C          F                  C                F
Oh, the flowers of indulgence and the weeds of yesteryear,
      C                 F
Like criminals, they have choked the breath
    G          Gsus4   G
Of conscience and good cheer.
      C                 F                C             F
The sun beat down upon the steps of time to light the way
     C              F                G        Gsus4 G
To ease the pain of idleness and the memory of    decay.
```

Chorus 2

```
  G             G7              C             G
I gaze into the doorway of temptation's angry flame
                   G7             C               G      F
And every time I pass that way I always hear my name.
      C               Fmaj9   C               Fmaj9
Then onward in my journey I come to understand
      C             Fmaj9        G      G7     C
That every hair is numbered like every grain of sand.
```

Solo

```
|: C    F    | C    F    | C    F    | G   Gsus4  G :|
|  G    G7   | C    G    | G    G7   | C   G   F     |
|  C  Fmaj9  | C  Fmaj9  | C  Fmaj9  | G   G7  C    ||
```

Verse 3

```
       C                  F            C               F
I have gone from rags to riches in the sorrow of the night,
       C            F                      G          Gsus4  G
In the violence of a summer's dream, in the chill of a wintry  light,
       C              F          C          F
In the bitter dance of loneliness fading into space,
       C                F            G          Gsus4  G
In the broken mirror of innocence on each forgotten   face.
```

Chorus 3

```
   G                G7               C             G
 I hear the ancient footsteps like the motion of the sea,
                          G7                   C              G    F
Sometimes I turn, there's someone there, other times it's only me.
      C                        Fmaj9 C                 Fmaj9
I am hanging in the balance   of the reality of man
      C                Fmaj9    G     G7      C
Like every sparrow falling, like every grain of sand.
```

Coda

```
|: C    F    | C    F    | C    F    | G   Gsus4  G :|
|  G    G7   | C    G    | G    G7   | C   G   F     |
|  C  Fmaj9  | C  Fmaj9  | C  Fmaj9  | G   G7  C    ||
```

Forever Young

Words & Music by Bob Dylan

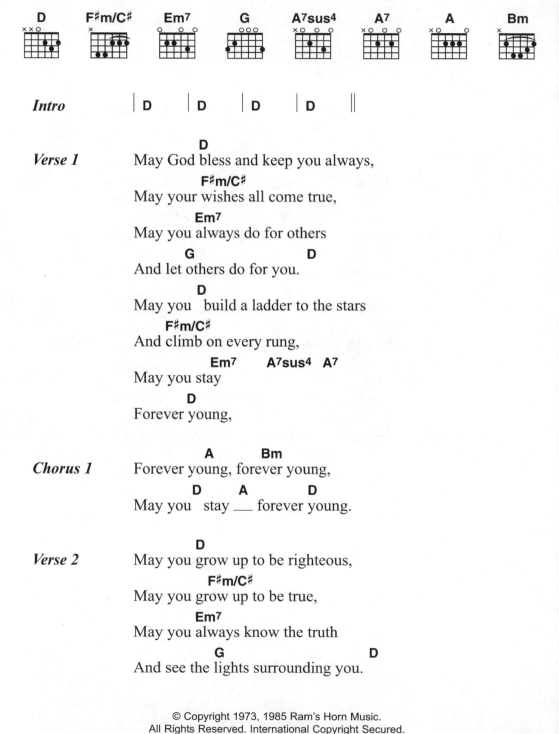

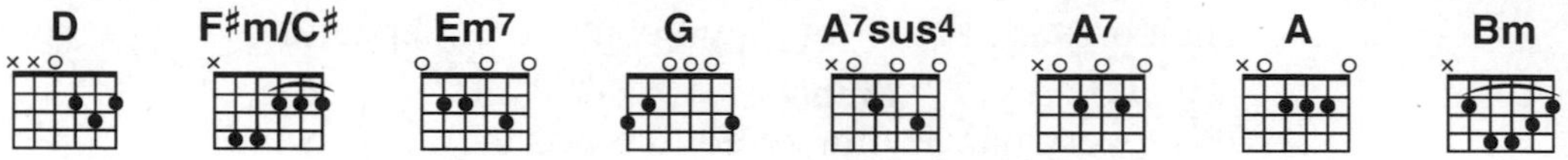

Intro | D | D | D | D ||

Verse 1

D
May God bless and keep you always,
F♯m/C♯
May your wishes all come true,
Em7
May you always do for others
G D
And let others do for you.
D
May you build a ladder to the stars
F♯m/C♯
And climb on every rung,
Em7 A7sus4 A7
May you stay
D
Forever young,

Chorus 1

A Bm
Forever young, forever young,
D A D
May you stay __ forever young.

Verse 2

D
May you grow up to be righteous,
F♯m/C♯
May you grow up to be true,
Em7
May you always know the truth
G D
And see the lights surrounding you.

cont.

```
                D
May you always be courageous,
          F#m/C#
Stand upright and be strong,
                        Em7      A7sus4  A7
And may you stay
            D
Forever young,
```

Chorus 2

```
            A                 Bm
Forever young, forever young,
              D    A           D
May you stay ____ forever   young.
```

Verse 3

```
               D
May your hands always be busy,
                        F#m/C#
May your feet always be swift,
              G
May you have a strong foundation
                                 D
When the winds of changes shift. ___
               D
May your heart always be joyful,
                   F#m/C#
May your song always be sung,
                G       A7sus4  A7
May you stay
            D
Forever   young,
```

Chorus 3

```
               A          Bm
Forever young, forever young,
               D   A          D
May you stay ___ forever young.
```

Coda

D	F#m/C#	G	G	D	D
D	F#m/C#	G	A	D	D
A	A	Bm	Bm
D	A	D	D	

Girl Of The North Country

Words & Music by Bob Dylan

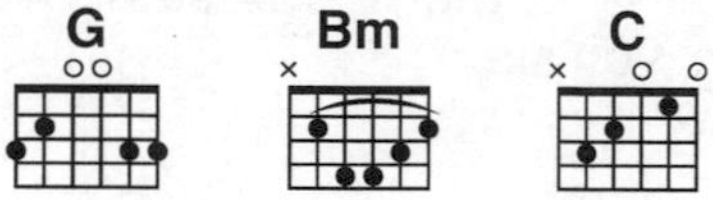

Intro | G | Bm | C | G | G | G | G ||

Verse 1

```
                  Bm C                   G
If you're travelling    in the north country fair
                      Bm     C              G
Where the winds hit heavy    on the border - line.
              Bm C                   G
Remember me      to one who lives there
                Bm  C                G
For she once was     a true love of mine.
```

Verse 2

```
G            Bm            C            G
   See for me that her hair's hanging down.
             Bm  C                 G
It curls and falls   all down her breast.
          Bm            C           G
See for me, that her hair's hanging down,
              Bm         C         G
That's the way I re - member her best.
```

Verse 3

```
G             Bm C                       G
   If you go        where the snowflakes fall,
                   Bm      C                 G
When the rivers freeze,    and summer ends
                Bm                       C        G
Please see for me if she's wearing a     coat so warm
              Bm         C         G
To keep her from the howling winds.
```

Verse 4

```
 G                Bm                   C              G
    If you're travelling in the north country fair
                            Bm           C          G
Where the winds hit heavy on the borderline.
                      Bm       C            G
Please say hel - lo to the one who lives there,
                  Bm     C             G
For she was once a true love of mine.
```

Instrumental

```
| G      | Bm     | C      | G      |
| G      | Bm     | C      | G      ||
```

Verse 5

```
 G                Bm                   C              G
    If you're travelling in the north country fair
                            Bm           C          G
Where the winds hit heavy on the border - line.
                  Bm    C             G
Remember me to one who lives there
                    Bm    C            G
For she once was a true love of mine.
```

Outro

```
Bm                 C                       G
    True love of mine, a true love of mine,
                   Bm                    C
A true love of mine, a true love of mine,
                   G                     Bm
A true love of mine, a true love of mine,
              C                  G
She was once a true love of mine.
```

Gotta Serve Somebody

Words & Music by Bob Dylan

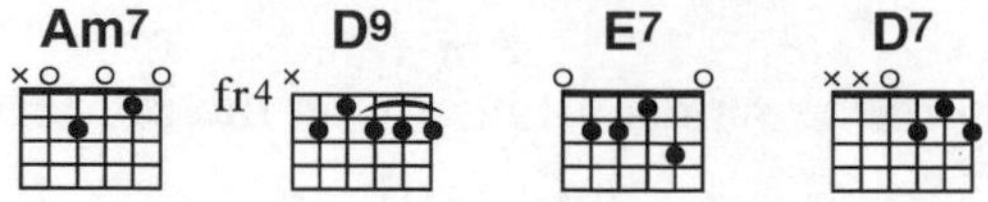

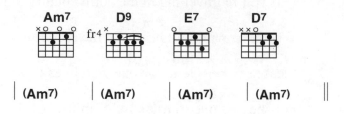

Intro	(Am7)	(Am7)	(Am7)	(Am7)

Verse 1

Am7
You may be an ambassador to England or France,

You may like to gamble, you might like to dance,

You may be the heavyweight champion of the world,

You may be a socialite with a long string of pearls

D9
But you're gonna have to serve somebody, yes indeed

Am7
You're gonna have to serve somebody,

E7 D9 E7
Well, it may be the devil or it may be the Lord

D7 Am7
But you're gonna have to serve somebody.

Verse 2

Am7
May be a rock 'n' roll addict prancing on the stage,

You might have drugs at your command, women in a cage,

You may be a business man or some high degree thief,

They may call you Doctor or they may call you Chief

D9
But you're gonna have to serve somebody, yes you are,

Am7
You're gonna have to serve somebody,

E7 D9
Well, it may be the devil or it may be the Lord

E7 D7 Am7
But you're gonna have to serve somebody.

Verse 3

Am7
You may be a state trooper, you might be a young Turk,

You may be the head of some big TV network,

You may be rich or poor, you may be blind or lame,

You may be living in another country under another name

D9
But you're gonna have to serve somebody, yes you are,

Am7
You're gonna have to serve somebody,

E7 D9
Well, it may be the devil or it may be the Lord

E7 D7 Am7
But you're gonna have to serve somebody.

Verse 4

Am7
May be a construction worker working on a home,

You might be living in a mansion, you might live in a dome,

You might own guns and you might even own tanks,

You might be somebody's landlord, you may even own banks

D9
But you're gonna have to serve somebody, yes

Am7
You're gonna have to serve somebody,

E7 D9 E7
Well, it may be the devil or it may be the Lord

D7 Am7
But you're gonna have to serve somebody.

Verse 5

Am7
You may be a preacher with your spiritual pride,

You may be a city councilman taking bribes on the side,

May be working in a barbershop, you may know how to cut hair,

You may be somebody's mistress, may be somebody's heir,

cont.

```
                                  D9
But you're gonna have to serve somebody, yes indeed
                            Am7
You're gonna have to serve somebody,
    E7                          D9
Well, it may be the devil or it may be the Lord
E7        D7                Am7
But you're gonna have to serve somebody.
```

Verse 6

```
Am7
Might like to wear cotton, might like to wear silk,

Might like to drink whiskey, might like to drink milk,

Might like to eat caviar, you might like to eat bread,

May be sleeping on the floor, sleeping in a king-sized bed
                                  D9
But you're gonna have to serve somebody, yes indeed
                            Am7
You're gonna have to serve somebody,
    E7                          D9
Well, it may be the devil or it may be the Lord
E7                    D7         Am7
  But you're gonna have to serve somebody.
```

Verse 7

```
Am7
You may call me Terry, you may call me Timmy,

You may call me Bobby, you may call me Zimmy,

You may call me R.J., you may call me Ray,

You may call me anything but no matter what you say
                                  D9
You're still gonna have to serve somebody, yes
                            Am7
You're gonna have to serve somebody.
    E7                          D9           E7
Well, it may be the devil or it may be the Lord
          D7                Am7
But you're gonna have to serve somebody.
```

Coda

```
||: Am7 | Am7 | Am7 | Am7 :||  Repeat to fade
```

A Hard Rain's A-Gonna Fall

Words & Music by Bob Dylan

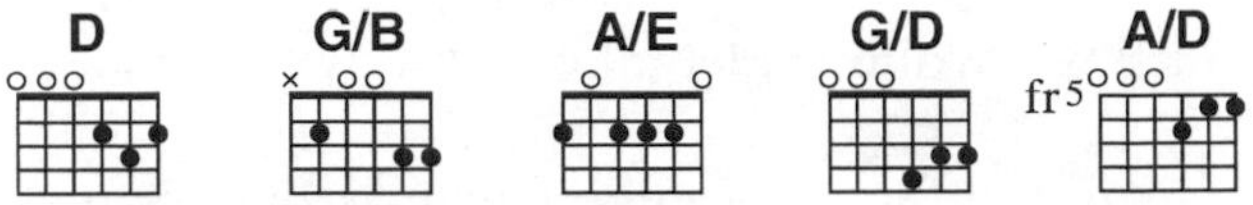

Capo second fret and tune sixth string down one tone

```
Intro      | D  G/B  D  | D        ||

                D                        G/B        D
Verse 1     Oh, where have you been, my blue-eyed son?
                                                       A/E
           And where have you been, my darling young one?
              G/D                            A/D           D
           I've stumbled on the side of twelve misty mountains,
                      G/D                          A/D          D
           I've walked   and I've crawled on six crooked highways,
                      G/D                     A/D          D
           I've stepped   in the middle of seven sad forests,
              G/D                         A/D           D
           I've been out in front of a dozen dead oceans,
                        G/D                            A/D          D
           I've been ten thousand miles in the mouth of a graveyard,
                                        A/E         D                G/B
           And it's a hard, and it's a hard, it's a hard, and it's a hard,
               D              A/E                   D       G/B   D
           It's a hard rain's _______ a-gonna fall.

                D                         G/B        D
Verse 2     Oh, what did you see, my blue-eyed son?
                                                     A/E
            And what did you see, my darling young one?
                  G/D                              A/D           D
           I saw a newborn baby with wild wolves all around it
                       G/D                           A/D      D
           I saw a highway of diamonds with nobody on it,
               G/D                        A/D              D
           I saw a black branch with blood that kept dripping,
```

cont.

                 G/D   A/D   D
I saw a room full of men with their hammers a-bleeding,
         G/D   A/D   D
I saw a white ladder all covered with water,
             G/D   A/D   D
I saw ten thousand talkers whose tongues were all broken,
               G/D   A/D   D
I saw guns and sharp swords in the hands of young children,
                          A/E   D   G/B
And it's a hard, it's a hard, it's a hard, and it's a hard,
      D   A/E   D   G/B   D
It's a hard rain's ______ a-gonna fall.

Verse 3

      D   G/B   D
And what did you hear, my blue-eyed son?
                                                    A/E
And what did you hear, my darling young one?
               G/D   A/D   D
I heard the sound of a thunder that roared out a warning,
               G/D   A/D   D
I heard the roar of a wave that could drown the whole world,
               G/D   A/D   D
I heard one hundred drummers whose hands were a-blazing,
               G/D   A/D   D
I heard ten thousand whispering and nobody listening,
               G/D   A/D   D
I heard one person starve, I heard many people laughing,
                     G/D   A/D   D
I heard the song of a poet who died in the gutter,
                      G/D   A/D   D
I heard the sound of a clown who cried in the alley,
                         A/E   D   G/B
And it's a hard, it's a hard, it's a hard, it's a hard,
      D   A/E   D   G/B   D
It's a hard rain's ______ a-gonna fall.

Verse 4

     D   G/B   D
Oh, what did you meet, my blue-eyed son?
                                                    A/E
And who did you meet, my darling young one?
        G/D   A/D   D
I met a young child beside a dead pony,
          G/D   A/D   D
I met a white man who walked a black dog,

cont.

G/D A/D D
I met a young woman whose body was burning,
G/D A/D D
I met a young girl, she gave me a rainbow,
G/D A/D D
I met one man who was wounded in love,
G/D A/D D
I met another man who was wounded in hatred,
A/E D G/B
And it's a hard, it's a hard, it's a hard, it's a hard,
D A/E D G/B D
It's a hard rain's ______ a-gonna fall.

Verse 5

D G/B D G/B D
And what'll you do now, my blue-eyed son?
A/E
And what'll you do now, my darling young one?
G/D A/D D
I'm a-goin' back out 'fore the rain starts a-falling,
G/D A/D D
I'll walk to the depths of the deepest dark forest,
G/D A/D D
Where the people are many and their hands are all empty,
G/D A/D D
Where the pellets of poison are flooding their waters,
G/D A/D D
Where the home in the valley meets the damp dirty prison,
G/D A/D D
And the executioner's face is always well hidden,
G/D A/D D
Where hunger is ugly, where souls are forgotten,
G/D A/D D
Where black is the color, where none is the number,
G/D A/D D
And I'll tell it and speak it and think it and breathe it,
G/D A/D D
And reflect from the mountain so all souls can see it,
G/D A/D D
Then I'll stand on the ocean until I start sinking,
G/D A/D D
But I'll know my song well before I start singing,
A/E D G/B
And it's a hard, it's a hard, it's a hard, and it's a hard,
D A/E D G/B D
It's a hard rain's ______ a-gonna fall.

Hurricane

Words & Music by Bob Dylan & Jacques Levy

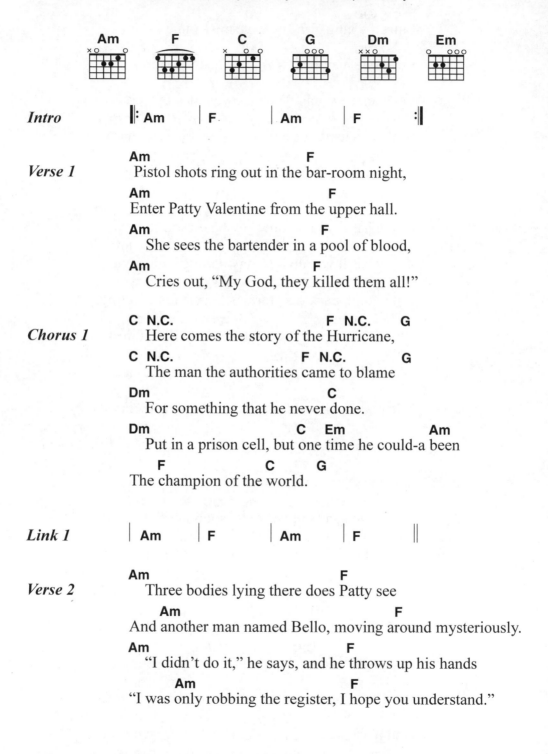

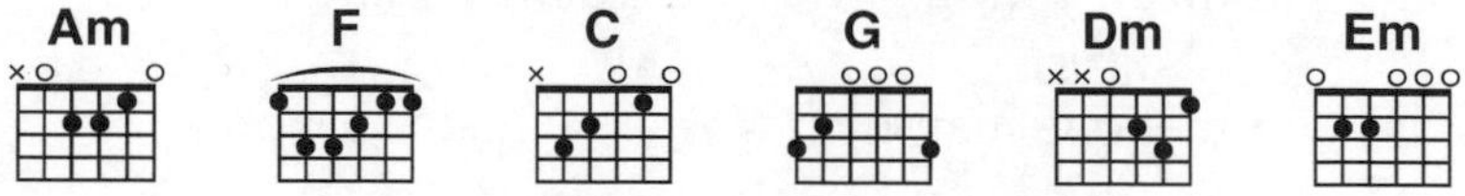

Intro ‖: Am | F | Am | F :‖

Verse 1

```
Am                              F
 Pistol shots ring out in the bar-room night,
Am                                  F
Enter Patty Valentine from the upper hall.
Am                               F
   She sees the bartender in a pool of blood,
Am                            F
   Cries out, "My God, they killed them all!"
```

Chorus 1

```
C  N.C.                         F  N.C.      G
   Here comes the story of the Hurricane,
C  N.C.                      F  N.C.          G
   The man the authorities came to blame
Dm                                C
   For something that he never done.
Dm                           C    Em              Am
   Put in a prison cell, but one time he could-a been
     F                C       G
The champion of the world.
```

Link 1 | Am | F | Am | F ‖

Verse 2

```
Am                                    F
   Three bodies lying there does Patty see
      Am                                      F
And another man named Bello, moving around mysteriously.
Am                                     F
   "I didn't do it," he says, and he throws up his hands
         Am                                  F
"I was only robbing the register, I hope you understand."
```

Chorus 2

C N.C. F N.C. G
"I saw them leaving," he says, and he stops
C N.C. F N.C. G
"One of us had better call up the cops."
Dm C
And so Patty calls the cops
Dm C Em Am
And they arrive on the scene with their red lights flashing
F C G
In the hot New Jersey night.

Link 2

| Am | F | Am | F ||

Verse 3

Am F
Meanwhile, far away in another part of town
Am F
Rubin Carter and a couple of friends are driving around.
Am F
Number one contender for the middleweight crown,
Am F
Had no idea what kinda shit was about to go down.

Chorus 3

C N.C. F N.C. G
When a cop pulled him over to the side of the road
C N.C. F N.C. G
Just like the time before and the time before that.
Dm C
In Paterson that's just the way things go.
Dm C Em Am
If you're black you might as well not show up on the street
F C G
'Less you wanna draw the heat. ___

Link 3

| Am | F | Am | F ||

Verse 4

Am F
Alfred Bello had a partner and he had a rap for the cops:
Am F
Him and Arthur Dexter Bradley were just out prowling around.
Am F
He said, "I saw two men running out, they looked like middleweights,
Am F
They jumped into a white car with out-of-state plates."

Chorus 4

```
C  N.C.                             F  N.C.         G
   And Miss Patty Valentine just nodded her head.
C        N.C.                       F  N.C.          G
Cop said, "Wait a minute, boys, this one's not dead."
       Dm                           C
So they took him to the infirmary
Dm                                    C
   And though this man could hardly see
    Em                  Am   F             C     G
They told him he could identify the guilty men. ___
```

Link 4

| Am | F | Am | F ||

Verse 5

```
Am                                  F
   Four in the morning and they haul Rubin in,
    Am                                   F
They took him to the hospital and they brought him upstairs.
    Am                                   F
The wounded man looks up through his one dying eye,
      Am                                  F
Says, "Why'd you bring him in here for? He ain't the guy!"
```

Chorus 5

```
C  N.C.                          F  N.C.        G
   Yes, here's the story of the   Hurricane,
C  N.C.                       F  N.C.         G
   The man the authorities came to blame
Dm                                  C
   For something that he never done.
Dm                            C    Em               Am
   Put in a prison cell, but one time he could've been
    F                    C       G
The champion of the world. ___
```

Link 5

| Am | F | Am | F ||

Verse 6

```
Am                             F
   Four months later, the ghettos are in flame,
Am                             F
Rubin's in South America, fighting for his name
        Am                                    F
While Arthur Dexter Bradley's still in the robbery game
         Am
And the cops are putting the screws to him,
              F
Looking for somebody to blame.
```

```
            C  N.C.                           F  N.C.               G
Chorus 6      "Remember that murder that happened in a bar?"
            C  N.C.                             F  N.C.          G
            "Remember you said you saw the getaway car?"
                 Dm                                  C
            "You think you'd like to play ball with the law?"
            Dm                                          C    Em          Am
            "Think it might've been that fighter that you saw running that night?"
                      F                C        G
            "Don't forget that you are white." ___


Link 6      | Am       | F        | Am       | F        ||


            Am                                F
Verse 7     Arthur Dexter Bradley said, "I'm really not sure."
               Am                                       F
            The cops said, "A poor boy like you could use a break,
               Am                                   F
            We got you for the motel job and we're talking to your friend Bello,
                Am                                         F
            Now you don't want to have to go back to jail, be a nice fellow.


            C  N.C.              F  N.C.       G
Chorus 7      You'll be doing society a favour.
            C  N.C.                   F  N.C.                  G
              That son-of-a-bitch is brave and getting braver.
            Dm                            C
              We want to put his ass in stir,
            Dm                            C    Em     Am
              We want to pin this triple murder on him
              F                    C       G
            He ain't no Gentleman Jim." ___


Link 7      | Am       | F        | Am       | F        ||


            Am                                F
Verse 8     Rubin could take a man out with just one punch
                  Am                               F
            But he never did like to talk about it all that much.
                   Am                      F
            "It's my work", he'd say, "and I do it for pay
            Am                                F
              And when it's over I'd just as soon go on my way."
```

Chorus 8

```
C  N.C.        F  N.C.  G
  Up to some paradise
C  N.C.                                 F  N.C.    G
  Where the trout streams flow and the air is nice,
Dm                           C
  And ride a horse along the trail.
Dm                              C  Em
  But then they took him to the jailhouse
            Am          F          C        G
Where they try to turn a man into a mouse. ___
```

Link 8

```
| Am       | F        | Am       | F        ||
```

Verse 9

```
Am                        F
All of Rubin's cards were marked in advance,
     Am                       F
The trial was a pig-circus, he never had a chance.
     Am                             F
The judge made Rubin's witnesses drunkards from the slums,
       Am                                 F
To the white folks who watched he was a revolutionary bum.
```

Chorus 9

```
C  N.C.                               F  N.C.         G
  And to the black folks he was just a crazy nigger.
C  N.C.                    F  N.C.         G
  No one doubted that he pulled the trigger.
Dm                                       C
  And though they could not produce the gun,
Dm                          C   Em          Am
  The D.A. said he was the one who did the deed
        F               C      G
And the all-white jury agreed. ___
```

Link 9

```
| Am       | F        | Am       | F        ||
```

Verse 10

```
Am                   F
  Rubin Carter was falsely tried.
     Am                        F
The crime was murder "one", guess who testified?
Am                             F
  Bello and Bradley and they both baldly lied,
         Am                          F
And the newspapers, they all went along for the ride.
```

```
              C  N.C.                      F  N.C.       G
Chorus 10        How can the life of such a man
              C  N.C.                   F  N.C.            G
                 Be in the palm of some fool's hand?
              Dm                              C
                 To see him obviously framed
              Dm                                            C          Em          Am
                 Couldn't help but make me feel ashamed to live in a land
                     F             C          G
              Where justice is a game. ___


Link 10       | Am       | F        | Am       | F        ||


                    Am                          F
Verse 11      Now all the criminals in their coats and their ties
                   Am                           F
              Are free to drink martinis and watch the sun rise,
                      Am                            F
              While Rubin sits like Buddha in a ten-foot cell,
                  Am                F
              An innocent man in a living hell.


              C  N.C.                               F  N.C.      G
Chorus 11        Yes, that's the story of the Hurricane,
              C  N.C.                                F  N.C.          G
                 But it won't be over till they clear his name
              Dm                                       C
                 And give him back the time he's   done.
              Dm                               C   Em                Am
                 Put in a prison cell, but one time he could've been
                  F                     C       G
              The champion of the world. ___


Coda          | Am       | F        | Am       | F        |

              | Am       | F        | Am       | F        |

              | C        | F        | C        | F        |

              | Dm       | C        | Dm       | C    Em  |

              | Am    F  | C        | G        ||

              ||: Am     | F        | Am       | F       :||   Repeat to fade
```

High Water (For Charley Patton)

Words & Music by Bob Dylan

⑥ = D ③ = G
⑤ = G ② = B
④ = D ① = D

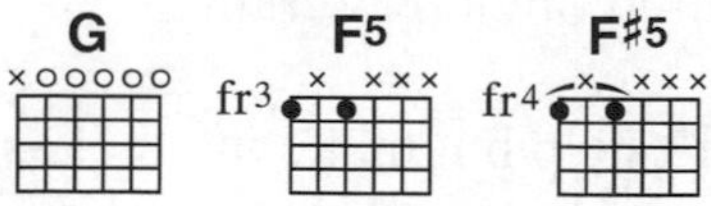

Intro | G | G F5 F♯5 | G | G F5 F♯5 |
| G | G ‖

Verse 1
G
High water risin' – risin' night and day,
All the gold and silver are being stolen away.
Big Joe Turner lookin' East and West
From the dark room of his mind,
He made it to Kansas City,
Twelfth Street and Vine.
F5 F♯5 G
Nothing standing there,
F5 F♯5 G
High water every - where.

Verse 2
G
High water risin', the shacks are slidin' down,
Folks lose their possessions, – folks are leaving town.
Bertha Mason shook it – broke it,
Then she hung it on a wall.

cont. Say, "You're dancin' with whom they tell you to

Or you don't dance at all."

F5 F♯5 G
It's tough out there,

F5 F♯5 G
High water every - where.

G
Verse 3 I got a cravin' love for blazing speed,

Got a hopped-up Mustang Ford.

Jump into the wagon, love, throw your panties on the board.

I can write you poems, make a strong man lose his mind,

I'm no pig without a wig,

I hope you treat me kind.

F5 F♯5 G
Things are breakin' up out there,

F5 F♯5 G
High water every - where.

G
Verse 4 High water risin', six inches 'bove my head,

Coffins droppin' in the street like balloons made out of lead.

Water pourin' into Vicksburg, don't know what I'm going to do,

"Don't reach out for me," she said,

"Can't you see I'm drownin' too?"

F5 F♯5 G
It's rough out there,

F5 F♯5 G
High water every - where.

G
Verse 5 Well, George Lewis told the Englishman, the Italian and the Jew,

"You can't open up your mind, boys,

To every conceivable point of view."

cont.

They got Charles Darwin trapped out there on Highway Five,

Judge says to the High Sheriff,

"I want him dead or alive,

F5 F♯5 G
Either one, I don't care."

F5 F♯5 G
High water every - where.

Verse 6

Well, the cuckoo is a pretty bird, she warbles as she flies,

I'm preachin' the Word of God, I'm puttin' out your eyes.

I asked Fat Nancy for something to eat, she said,

"Take it off the shelf –

As great as you are a man,

You'll never be greater than yourself."

F5 F♯5 G
I told her I didn't really care,

F5 F♯5 G
High water every - where.

Verse 7

G
I'm getting' up in the morning – I believe I'll dust my broom,

Keeping away from the women, I'm givin' 'em lots of room.

Thunder rolling over Clarkesdale, everything is looking blue,

I just can't be happy, love,

Unless you're happy too.

F5 F♯5 G
It's bad out there,

F5 F♯5 G
High water every - where.

Outro

| G | G | G | G |

| G | G | G | G |

| G F5 F♯5 | G F5 F♯5 | G || *To fade*

I Believe In You

Words & Music by Bob Dylan

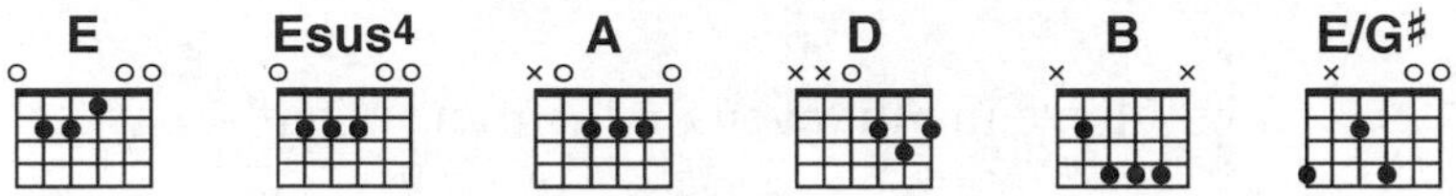

Intro | E Esus4 E Esus4 E | E Esus4 E Esus4 E | E ‖

Verse 1

```
E
They ask me how I feel
And if my love is real
                   A      E
And how I know I'll make it through.
              A   E
And they, they look at me and frown,
                                   D
They'd like to drive me from this town,
                     A
They don't want me a - round,
              E
'Cause I be - lieve in you.
```

Verse 2

```
E
They show me to the door,
They say don't come back no more
                          A      E
'Cause I don't be like they'd like me to,
              A      E
And I walk out on my own
                      D
A thousand miles from home,
                  A
But I don't feel a - lone
              E
'Cause I be - lieve in you.
```

Chorus 1

```
              D                A                              E
I be - lieve in you even through the tears and the laughter,
              D                A                     E       Esus4  E
I be - lieve in you even though we be a - part.
              D                A                        E
I be - lieve in you even on the morning af - ter.
A                      B        E/G#       A
Oh, when the dawn is near - ing
                       B        E/G#        A
Oh, when the night is disap - pearing
              B               E/G#        A        B
Oh, this feeling is still here in my heart
```

Verse 3

```
E
Don't let me drift too far,

Keep me where you are.
                                  A        E
Where I will always be re - newed.
                         A          E
And that which you've given me today.
                                        D
Is worth more than I could pay
                                       A
And no matter what they say
              E
I be - lieve in you.
```

Instrumental

```
| E    Esus4  E  Esus4  E  | E    Esus4  E  Esus4  E  |
| E    Esus4  E  Esus4  E  | A          | E          |
| E    Esus4  E  Esus4  E  | E    Esus4  E  Esus4  E  |
| D          | A          | E          | E          ||
```

Chorus 2

```
       D                   A              E
I be - lieve in you when winter turn to summer,
       D                   A             E
I be - lieve in you when white turn to black,
       D             A                         E
I be - lieve in you even though I be out - numbered.
A                B       E/G#       A
Oh, though the earth may shake me
                 B       E/G#    A
Oh, though my friends forsake me
              B    E/G#      A            B
Oh, even that couldn't make me go back.
```

Verse 4

```
E
Don't let me change my heart,

Keep me set apart
                          A      E
From all the plans they do pur - sue.

And I, I don't mind the pain
                          D
Don't mind the driving rain
                        A
I know I will sus - tain
                  E
'Cause I be - lieve in you.
```

Outro

```
|: E   Esus4  E  Esus4  E  | E   Esus4  E  Esus4  E  |
|  E   Esus4  E  Esus4  E  | A          | E          |
|  E   Esus4  E  Esus4  E  | E   Esus4  E  Esus4  E  |
|  D          | A          | E                      :|
```

Repeat to fade

I And I

Words & Music by Bob Dylan

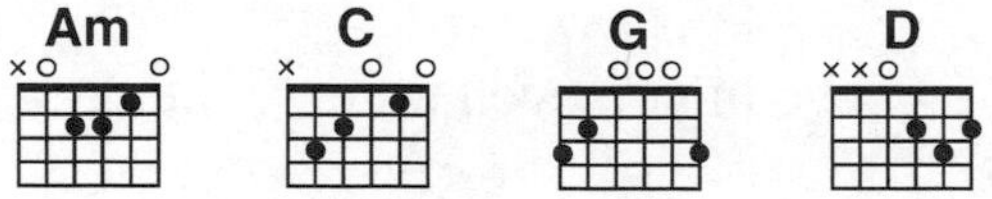

Intro | Am C | G | D | Am ||

Verse 1

Am   C   G
Been so long since a strange woman has slept in my bed.
D   Am
 Look how sweet she sleeps, how free must be her dreams.
              C
In another lifetime she must have owned the world,
G   D
Or been faithfully wed to some righteous king who
                    Am
Wrote psalms beside moonlit streams.

Chorus 1

            G
I and I in creation where one's
D   Am
Nature neither honors nor forgives.
        G   D
I and I. One says to the other,
        Am | Am | Am |
No man sees my face and lives.

Verse 2

Am   C   G
Think I'll go out and go for a walk,
D   Am
Not much happenin' here, nothin' ever does.
                           C   G
Besides, if she wakes up now, she'll just want me to talk,
D   Am
I got nothin' to say, 'specially about whatever was.

```
Chorus 2    As Chorus 1

              Am                C                    G
Verse 2     Took un untrodden path once, where the swift don't win the race,
            D                              Am
            It goes to the worthy, who can divide the word of truth.
                               C                     G
            Took a stranger to teach me, to look into justice's beautiful face
            D                                Am
            And to see an eye for an eye and a tooth for a tooth.

Chorus 3    As Chorus 1

               Am                C                          G
Verse 3     Outside of two men on a train platform there's nobody in sight,
            D                                   Am
            They're waiting for spring to come, smoking down the track.
                                         C                G
            The world could come to an end tonight, but that's all right,
            D                                           Am
            She should still be there sleepin' when I get back.

Chorus 4    As Chorus 1

            Am                  C                            G
Verse 4     Noontime, and I'm still pushin' myself along the road, the darkest part,
            D                         Am
            Into narrow lanes, I can't stumble or stay put.
                             C                                G
            Someone else is speakin' with my mouth, but I'm listening only to my heart.
            D                                               Am
            I've made shoes for everyone, even you, while I still go barefoot.

Chorus 5    As Chorus 1

Outro       |: Am        | Am        | Am        | Am        :|  Repeat to fade
```

Idiot Wind

Words & Music by Bob Dylan

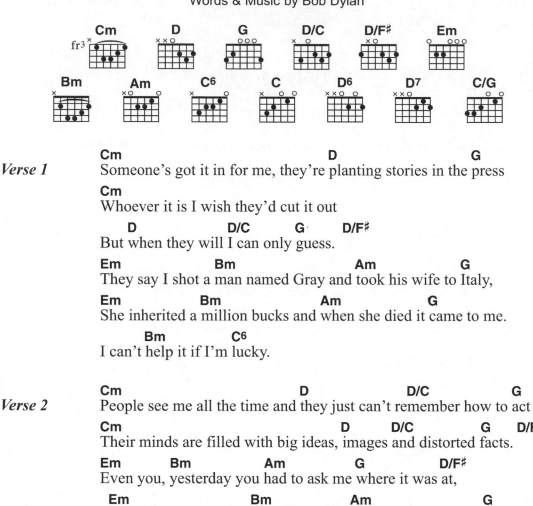

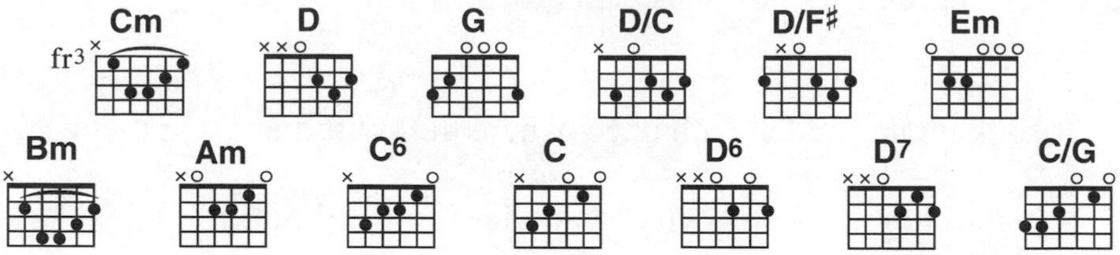


```
            Cm                                      D                       G
Verse 1     Someone's got it in for me, they're planting stories in the press
            Cm
            Whoever it is I wish they'd cut it out
                 D                D/C        G       D/F♯
            But when they will I can only guess.
            Em                 Bm                        Am              G
            They say I shot a man named Gray and took his wife to Italy,
            Em              Bm                     Am             G
            She inherited a million bucks and when she died it came to me.
                    Bm          C6
            I can't help it if I'm lucky.

            Cm                                  D                D/C            G
Verse 2     People see me all the time and they just can't remember how to act
            Cm                                    D        D/C            G      D/F♯
            Their minds are filled with big ideas, images and distorted facts.
            Em          Bm              Am             G              D/F♯
            Even you, yesterday you had to ask me where it was at,
             Em                     Bm               Am                  G
            I couldn't believe after all these years, you didn't know me better than th
            Bm    C6
            Sweet lady.

            G           C                              G
Chorus 1    Idiot wind, blowing every time you move your mouth,
            C                                    D6      D7
            Blowing down the backroads headin' south.
            G           C                              G
            Idiot wind, blowing every time you move your teeth,
                              C
            You're an idiot, babe.
                 D                D7                 G          C/G   G   C/G
            It's a wonder that you still know how to breathe.
```

```
             Cm                                  D
Verse 3      I ran into the fortune-teller, who said beware of

             D/C                   G
             Lightning that might strike

             Cm                                  D
             I haven't known peace and quiet for so long

               D/C                           G    D/F♯
             I can't remember what it's like.

                       Em           Bm            Am                         G
             There's a lone soldier on the cross, smoke pourin' out of a boxcar door

             Em                        Bm
             You didn't know it, you didn't think it could be done,

             Am                  G
             In the final end he won the wars

                   Bm           C6
             After losin' every battle.


             Cm                           D
Verse 3      I woke up on the roadside, daydreamin' 'bout the

             D/C                      G
             Way things sometimes are.

             Cm                                    D
             Visions of your chestnut mare shoot through my head and are

             D/C              G      D/F♯
             Makin' me see stars.

             Em                      Bm               Am           G
             You hurt the ones that I love best and cover up the truth with lies

             Em                  Bm           Am                       G
             One day you'll be in the ditch, flies buzzing a - round your eyes,

             Bm              C6
             Blood on your saddle.


             G           C                                         G
Chorus 2     Idiot wind, blowing through the flowers on your tomb,

             C                                       D6
             Blowing through the curtains in your room.

             G           C                                     G
             Idiot wind, blowing every time you move your teeth,

                               C
             You're an idiot, babe.

                   D                 D7                  G        C/G   G  C/G
             It's a wonder that you still know how to breathe.
```

Verse 5

```
          Cm                                          D              D/C           G
It was gravity which pulled us down and destiny which broke us a - part
Cm                                    D
You tamed the lion in my cage but it just
            D/C                     G       D/F#
Wasn't e - nough to change my heart.
     Em                   Bm
Now everything's a little upside down,
     Am               G
As a matter of fact the wheels have stopped.
       Em                  Bm
What's good is bad, what's bad is good,
Am                       G
You'll find out when you reach the top
Bm            C6
You're on the bottom.
```

Verse 6

```
Cm                                         D              D/C                G
I noticed at the ceremony, your cor - rupt ways had finally made you blind
Cm
I can't remember your face anymore,
     D                          D/C                 G       D/F#
Your mouth has changed, your eyes don't look into mine.
Em                          Bm
The priest wore black on the seventh day
     Am                       G
And sat stone-faced while the building burned.
 Em                     Bm                        Am
I waited for you on the running boards, near the cypress trees
          G               Bm         C6
While the springtime turned slowly into autumn.
```

Chorus 3

```
G            C                            G
Idiot wind, blowing like a circle around my skull,
          C                                D6  D7
From the Grand Coulee Dam to the Capi - tol.
G            C                                 G
Idiot wind, blowing every time you move your teeth,
                   C
You're an idiot, babe.
     D                D7                G        C/G  G  C/G
It's a wonder that you still know how to breathe.
```

Verse 7

```
Cm                                  D           D/C                      G
I can't feel you anymore, I can't even touch the books you've read
Cm
Every time I crawl past your door,
         D                D/C               G        D/F♯
I been wishing I'd been    somebody else instead.
Em                   Bm                 Am                  G
Down the highway, down the tracks, down the road to ecstasy,
  Em                 Bm              Am                  G
I followed you be - neath the stars, hounded by your memory
      Bm      C6
And all your ragin' glory.
```

Verse 8

```
Cm                                       D
I been double-crossed now for the very last time
      D/C            G
And now I'm finally free,
  Cm                                          D
I kissed goodbye the howling beast on the borderline
        D/C                   G    D/F♯
Which separated you from me.
Em                          Bm            Am              G
You'll never know the hurt I suffered nor the pain I rise above,
      Em                    Bm
And I'll never know the same about you,
Am                        G
Your holiness or your kind of love,
        Bm                 C6
And it makes me feel so sorry.
```

Chorus 4

```
G             C                                    G
Idiot wind, blowing through the buttons of our coats,
C                                        D6      D7
Blowing through the letters that we wrote.
G             C                                   G
Idiot wind, blowing through the dust upon our shelves,
                C
We're idiots, babe
      D                   D7              G          C/G  G  C/G
It's a wonder we can even feed our - selves.
```

Outro

```
|: Cm     | D       | G      :|

|: Em     | Bm      | Am      | G      :|

| Bm C6   | C6  Cm  | Cm      ||
```

I Shall Be Released

Words & Music by Bob Dylan

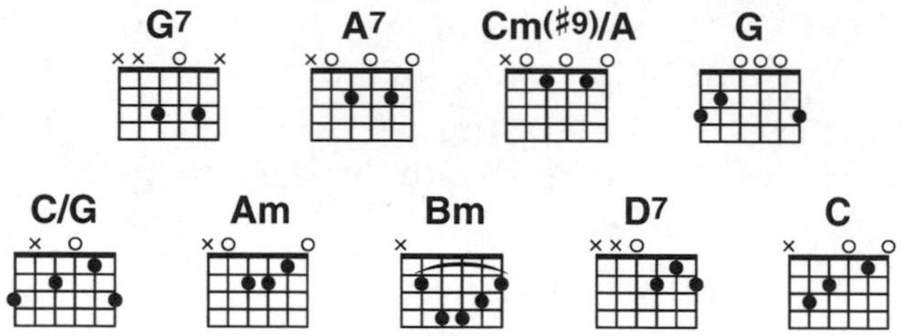

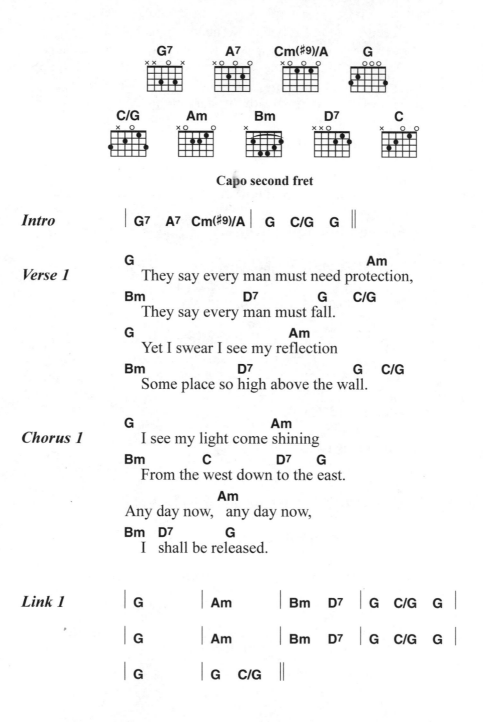

Capo second fret

Intro | G7 A7 Cm(♯9)/A | G C/G G ||

Verse 1

```
G                            Am
  They say every man must need protection,
Bm              D7        G     C/G
  They say every man must fall.
G                      Am
  Yet I swear I see my reflection
Bm              D7                G    C/G
  Some place so high above the wall.
```

Chorus 1

```
G                    Am
  I see my light come shining
Bm          C          D7   G
  From the west down to the east.
               Am
Any day now,  any day now,
Bm  D7         G
  I  shall be released.
```

Link 1

| G | Am | Bm D7 | G C/G G |

| G | Am | Bm D7 | G C/G G |

| G | G C/G ||

Verse 2

```
G                                    Am
   Down here next to me in this lonely crowd,
Bm                 D7                     G      C/G
   Is a man who swears he's not to blame.
G                             Am
   All day long I hear him cry so loud,
Bm            D7                   G          C/G
   Calling out that he's been framed.
```

Chorus 2

```
G                           Am
   I see my light come shining
Bm              D7                 G
   From the west down to the east.
                 Am
Any day now,   any day now,
Bm   D7          G
   I   shall be released.
```

Link 2

G	Am	Bm D7	G C/G G
G	Am	Bm D7	G C/G G
G	G C/G ‖ *To fade*		

I Threw It All Away

Words & Music by Bob Dylan

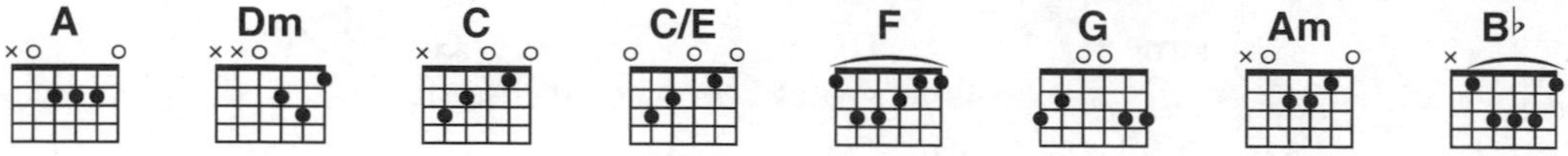

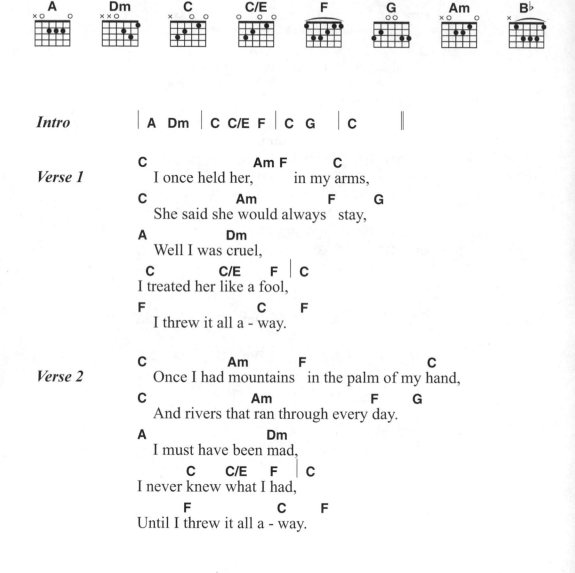

Intro | A Dm | C C/E F | C G | C ||

Verse 1

C Am F C
I once held her, in my arms,
C Am F G
She said she would always stay,
A Dm
Well I was cruel,
C C/E F | C
I treated her like a fool,
F C F
I threw it all a - way.

Verse 2

C Am F C
Once I had mountains in the palm of my hand,
C Am F G
And rivers that ran through every day.
A Dm
I must have been mad,
C C/E F | C
I never knew what I had,
F C F
Until I threw it all a - way.

```
              F                G
*Chorus 1*    Love is all there is,

                C                      Am
              It makes the world go round.

              F              G
              Love an' only love,

                                 A
              It can't be den - ied.

              F                           G
                 No matter what you think about it,

              C             C/E                 A
                 You just won't be able to do without it,

              B♭                                F       G
                 Take a tip from one who's tried.


              C                    Am
*Verse 3*        So if you find someone

              F                             C
                 Who gives you all of their love,

              Take it to your heart,

              Am           F      G
              Don't let it stray.

              A              Dm
              One thing for certain,

                         C      C/E  F
              You will surely be    hurtin',

              C                   F      C      F
                 If you throw it all a - way,

              C                   G      C
                 If you throw it all a - way.


*Outro*       | A  Dm | C  C/E  F | C  G  | C      ||
```

I Want You

Words & Music by Bob Dylan

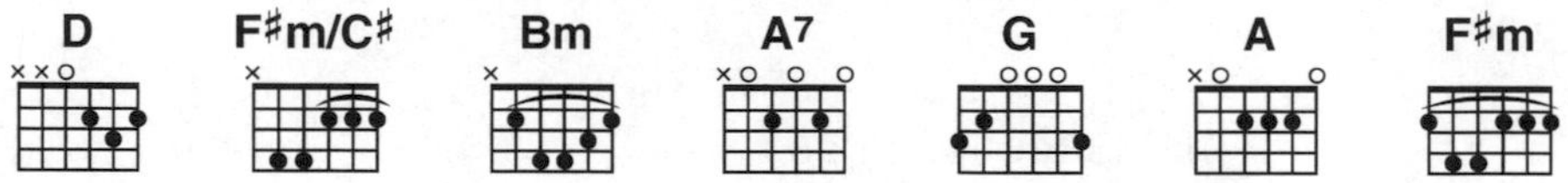

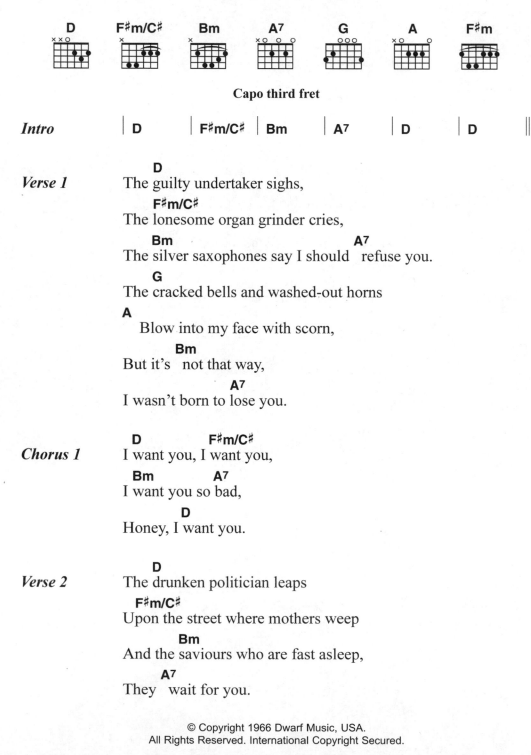

Capo third fret

Intro | D | F♯m/C♯ | Bm | A7 | D | D ||

Verse 1

D
The guilty undertaker sighs,
F♯m/C♯
The lonesome organ grinder cries,
Bm A7
The silver saxophones say I should refuse you.
G
The cracked bells and washed-out horns
A
Blow into my face with scorn,
Bm
But it's not that way,
A7
I wasn't born to lose you.

Chorus 1

D F♯m/C♯
I want you, I want you,
Bm A7
I want you so bad,
D
Honey, I want you.

Verse 2

D
The drunken politician leaps
F♯m/C♯
Upon the street where mothers weep
Bm
And the saviours who are fast asleep,
A7
They wait for you.

cont.

G
And I wait for them to interrupt

A
Me drinking from my broken cup

Bm
And ask me to

A7
Open up the gate for you.

Chorus 2

D F♯m/C♯
I want you, I want you,

Bm A7
Yes I want you so bad,

D
Honey, I want you.

Bridge

F♯m
Now all my fathers, they've gone down,

Bm
True love they've been without it

F♯m
But all their daughters put me down

G A
'Cause I don't think about it.

Verse 3

D
Well, I return to the Queen of Spades

F♯m/C♯
And talk with my chambermaid.

Bm
She knows that I'm not afraid

A7
To look at her.

G
She is good to me

A
And there's nothing she doesn't see.

Bm
She knows where I'd like to be

A7
But it doesn't matter.

```
            D              F#m/C#
Chorus 3    I want you, I want you,
                  Bm              A7
            Yes I   want you so bad,
                        D
            Honey, I want you.

                        D
Verse 4     Now your dancing child with his Chinese suit,
               F#m/C#
            He spoke to me, I took his flute.
            Bm
            No, I wasn't very cute to him,
            A7
              Was I?
                 G
            But I did it because he lied
            A
              And because he took you for a ride
            Bm
              And because time was on his side
            A7
              And because I…

            D              F#m/C#
Chorus 4    Want you, I want you,
                 Bm           A7
            Yes I want you so bad,

            Honey, I want (you.)

            | D          | F#m/C#     | Bm         | A7         |
              you.

            |: D         | F#m/C#     | Bm         | A7         :|  Repeat to fade
```

I'll Be Your Baby Tonight

Words & Music by Bob Dylan

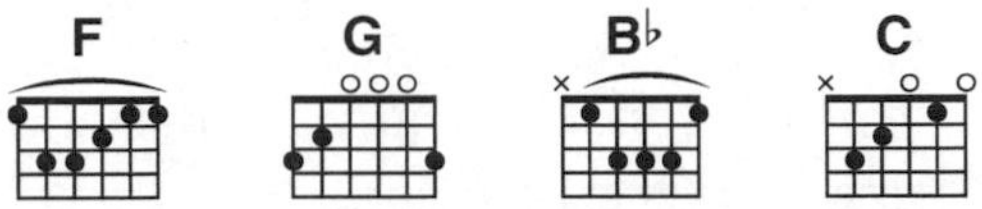

Intro

| F | F | G | G |

| B♭ | C | F | F ||

Verse 1

F
Close your eyes, close the door,
G
You don't have to worry any more.
B♭ C F C
I'll be your ___ baby tonight.

Verse 2

F
Shut the light, shut the shade,
G
You don't have to be afraid.
B♭ C F
I'll be your ___ baby tonight.

Bridge

B♭
Well, that mockingbird's gonna sail away,
F
We're gonna forget it.
G
That big fat moon is gonna shine like a spoon,
C N.C.
But we're gonna let it, you won't regret it.

Verse 3

F
Kick your shoes off, do not fear,
G
Bring that bottle over here.
B♭ C F
I'll be your ___ baby tonight.

Outro

| F | F | G | G |

| B♭ | C | F | F || *To fade*

If Not For You

Words & Music by Bob Dylan

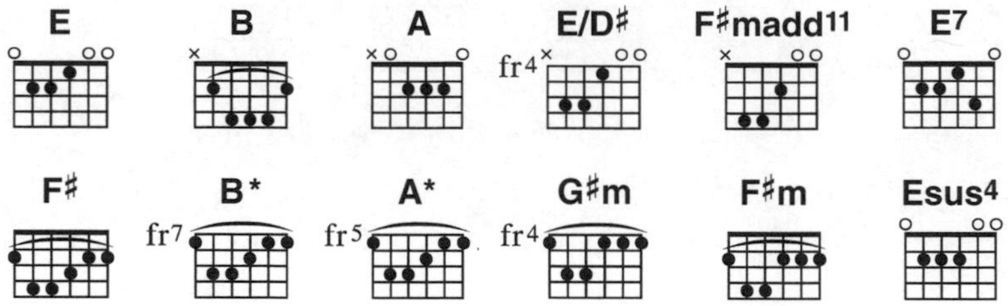

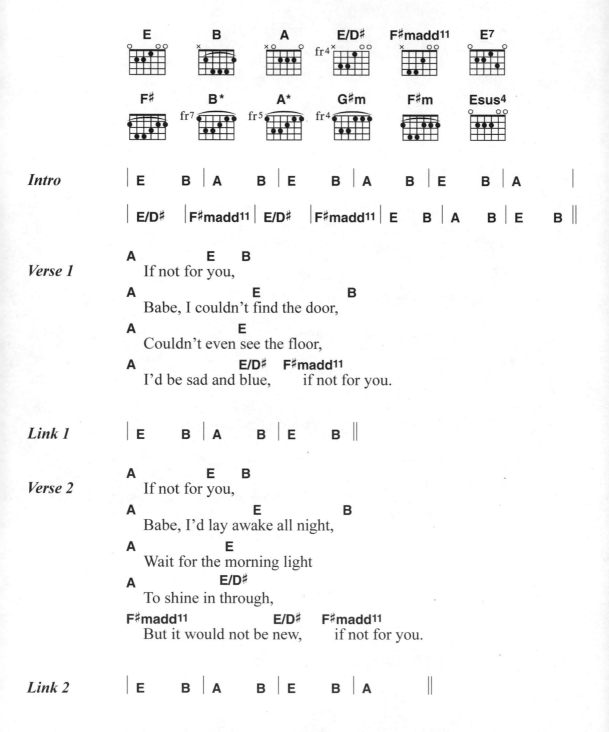

Intro
| E B | A B | E B | A B | E B | A |
| E/D♯ | F♯madd11 | E/D♯ | F♯madd11 | E B | A B | E B ||

Verse 1

A E B
If not for you,
A E B
Babe, I couldn't find the door,
A E
Couldn't even see the floor,
A E/D♯ F♯madd11
I'd be sad and blue, if not for you.

Link 1
| E B | A B | E B ||

Verse 2

A E B
If not for you,
A E B
Babe, I'd lay awake all night,
A E
Wait for the morning light
A E/D♯
To shine in through,
F♯madd11 E/D♯ F♯madd11
But it would not be new, if not for you.

Link 2
| E B | A B | E B | A ||

Bridge 1

A
If not for you
E
My sky would fall,
B E E7
Rain would gather too.
A E
Without your love I'd be nowhere at all,
F♯ B* A* G♯m F♯m
I'd be lost if not for you, and you know it's true.

Link 3

| B* A* | G♯m F♯m | B* A* | G♯m F♯m |

| B* A* | G♯m F♯m | E Esus4 | E ||

Bridge 2

A
If not for you
E
My sky would fall,
B E E7
Rain would gather too.
A E
Without your love I'd be nowhere at all,
F♯ B* A* G♯m F♯m
Oh! what would I do, if not for you.

Link 4

| B* A* | G♯m F♯m | B* A* | G♯m F♯m |

| B* A* | G♯m F♯m | E Esus4 | E ||

Verse 3

E B
If not for you,
A E B
Winter would have no spring,
A E
Couldn't hear the robin sing,
A E/D♯
I just wouldn't have a clue,
F♯madd11 E/D♯ F♯madd11 E B
Anyway it wouldn't ring true, if not for you.

Coda

A E B
|: If not for you. :| *Repeat to fade*

I'll Keep It With Mine

Words & Music by Bob Dylan

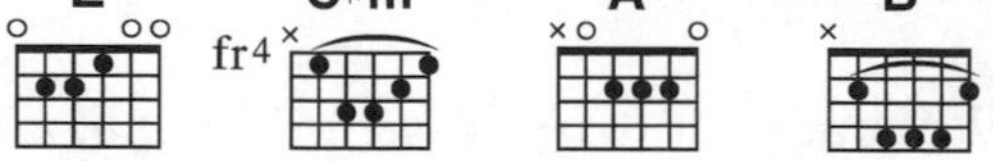

Capo first fret

```
Intro        | E      | E      | E      | E      |

                       E
Verse 1      You will search babe,
                      C♯m | A
             At any cost.
                      E
             But how long, babe
                                 C♯m            A
             Can you search for what is not lost?
             E
             Everybody will help you,
                                    C♯m
             Some people are very kind,
                     E                 B
             But if I can save you any - time,
                                A
             Come on give it to me,
                               E   | E   |
             I'll keep it with mine.
```

Verse 2

```
             E
I can't help it,
                            C#m | A
If you might think I am odd.
      E
If I say I'm loving you,

Not for what you are,
                       C#m | A    |
But what you're not.
E
Everybody will help you
                                 C#m
Discover what you set out to find,
            E                B
But if I can save you any - time,
                         A
Come on give it to me,
                   E    | E   | E   | E   |
I'll keep it with mine.
```

Verse 3

```
          E
The train leaves,
                      C#m | A
I heard half past ten,
                 E
But it won't be back
                     C#m        | A
In the same old spot again.
               E
The con - ductor,
                          C#m
He's still stuck on the line,
            E                B
But if I can save you any - time,
                         A
Come on give it to me,
                   E  | E      | E      | E      |
I'll keep it with mine.

| E     | E     | E     | E     | E (fermata)    ||
```

It Ain't Me Babe

Words & Music by Bob Dylan

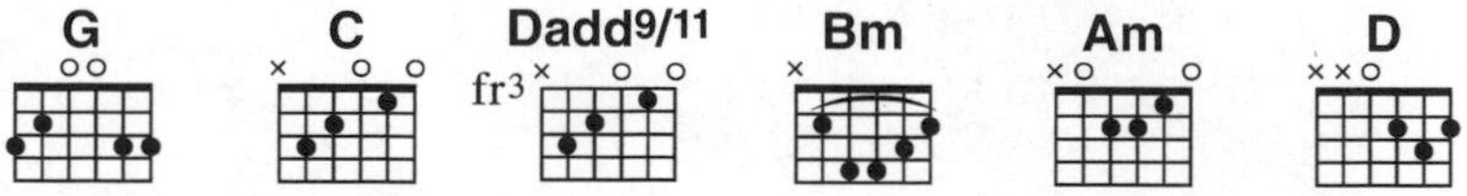

Intro | G | C | G | G ||

Verse 1

Dadd9/11 C
Go 'way from my window,
Dadd9/11 G C G
Leave at your own chosen speed.
Dadd9/11 C
I'm not the one you want, babe,
Dadd9/11 G C G
I'm not the one you need.
Bm Am
You say you're lookin' for someone
Bm Am
Never weak but always strong,
Bm Am
To pro - tect you an' de - fend you
Bm Am
Whether you are right or wrong,
C D
Some - one to open each and every door,

Chorus 1

G
But it ain't me, babe,
C D
No, no, no,
G
It ain't me, babe,
C D G
It ain't me you're looking for, babe.

Link 1 | Dadd9/11 | C D | G C | G ||

Verse 2

Dadd9/11 C
Go lightly from the ledge babe,
Dadd9/11 G C G
Go lightly on the ground.
Dadd9/11 C
I'm not the one you want, babe,
Dadd9/11 G C G
I'll only let you down.
Bm Am
You say you're looking for someone
Bm Am
Who'll promise never to part,
Bm Am
Some - one to close his eyes for you,
Bm Am
Some - one to close his heart,
C D
Some - one to die for you and more,

Chorus 2

As Chorus 1

Link 2

| Dadd9/11 | C | Dadd9/11 | G C | G ||

Verse 3

Dadd9/11 C
Go melt back in the night, babe,
Dadd9/11 G C G
Everything inside is made of stone.
Dadd9/11 C
There's nothing in here moving
Dadd9/11 G C G
An' anyway I'm not alone.
Bm Am
You say you're looking for someone
Bm Am
To pick you up each time you fall.
Bm Am
To gather flowers constantly,
Bm Am
And to come each time you call,
C D
A lover for your life an' nothing more,

Chorus 3

As Chorus 1

Outro

| Dadd9/11 | C | Dadd9/11 | G C | G ||

It's All Over Now, Baby Blue

Words & Music by Bob Dylan

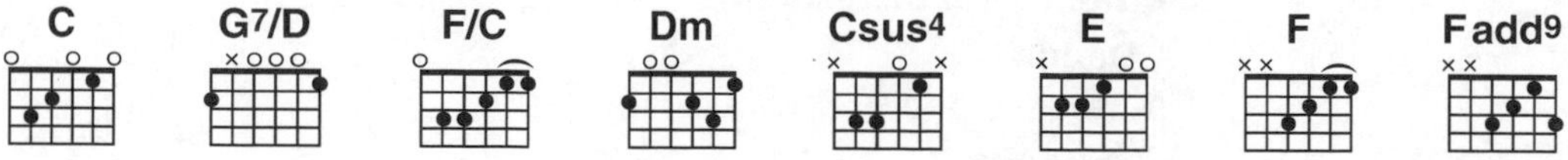

Capo fourth fret and tune sixth string down two tones

Intro | C | C | C | C ||

Verse 1

G7/D F/C C
You must leave now, take what you need you think will last, ___
G7/D F/C C
But whatever you wish to keep, you had better grab it fast.
Dm F/C C Csus4 C
Yonder stands your orphan with his gun,
Dm F/C C Csus4 C
Crying like a fire in the sun.
E F G7/D
Look out the Saints are coming through
Dm Fadd9 C
And it's all over now baby blue.

Verse 2

G7/D F/C C
The highway is for gamblers, better use your sins,
G7/D F/C C
Take what you have gathered from coincidence.
Dm F/C C Csus4 C
The empty-handed painter from your streets
Dm F/C C Csus4 C
Is drawing crazy patterns on your sheets.
E F G7/D
The sky too is folding under you
Dm Fadd9 C
And it's all over now baby blue.

Verse 3

```
G7/D                          F/C     C
All your seasick sailors, they are rowing home,
   G7/D                        F/C  C
Your empty-handed army is all going home.
   Dm            F/C                 C      Csus4  C
Your lover who just walked out the door
     Dm              F/C                C      Csus4  C
Has taken all his blankets from the floor,
     E                         F            G7/D
The carpet too is moving under you, __
      Dm            Fadd9      C
 And it's all over now baby blue.
```

Link

```
| G7/D   F/C | C         | G7/D   F/C | C         |
| Dm   F/C   | C Csus4 C | Dm   F/C   | C         |
| E        F | G7/D      | Dm  Fadd9  | C         ||
```

Verse 4

```
                G7/D                            F/C        C
Leave your stepping stones behind, now something calls for you,
    G7/D                              F/C      C
Forget the dead you've left, they will not follow you.
     Dm                  F/C               C      Csus4  C
The vagabond who's rapping at your door
   Dm              F/C                     C       Csus4  C
Is standing in the clothes that you once wore,
E                          F       G7/D
Strike another match, go start anew,
     Dm            Fadd9      C      Csus4  C
And it's all over now baby blue.
```

Coda

```
| G7/D      | C         ||
```

Isis

Words by Bob Dylan & Jacques Levy
Music by Bob Dylan

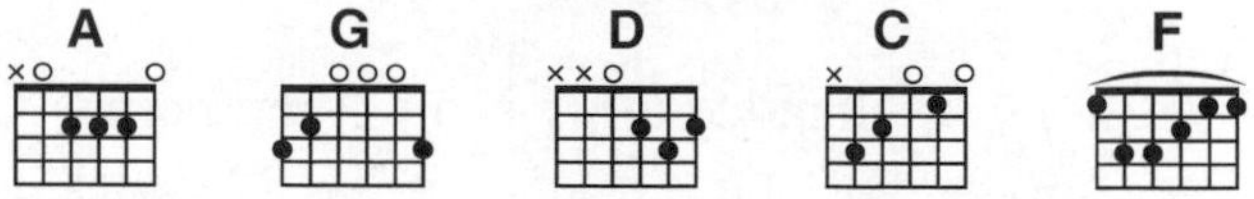

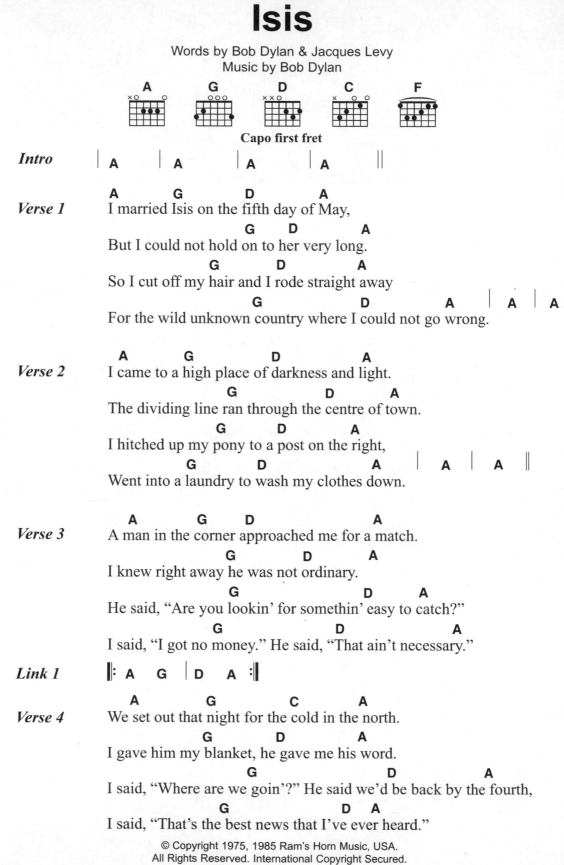

Capo first fret

Intro | A | A | A | A ||

Verse 1
A G D A
I married Isis on the fifth day of May,
G D A
But I could not hold on to her very long.
G D A
So I cut off my hair and I rode straight away
G D A | A | A
For the wild unknown country where I could not go wrong.

Verse 2
A G D A
I came to a high place of darkness and light.
G D A
The dividing line ran through the centre of town.
G D A
I hitched up my pony to a post on the right,
G D A | A | A ||
Went into a laundry to wash my clothes down.

Verse 3
A G D A
A man in the corner approached me for a match.
G D A
I knew right away he was not ordinary.
G D A
He said, "Are you lookin' for somethin' easy to catch?"
G D A
I said, "I got no money." He said, "That ain't necessary."

Link 1 ||: A G | D A :||

Verse 4
A G C A
We set out that night for the cold in the north.
G D A
I gave him my blanket, he gave me his word.
G D A
I said, "Where are we goin'?" He said we'd be back by the fourth,
G D A
I said, "That's the best news that I've ever heard."

Link 2 ‖: A G | D A :‖

Verse 5

A G D A
I was thinkin' about turquoise, I was thinkin' about gold,
G D A
I was thinkin' about diamonds and the world's biggest necklace.
G D A
As we rode throught the canyons, through the devilish cold,
G D A
I was thinkin' about Isis, how she thought I was so reckless.

Verse 6

A G D A
How she told me that one day we would meet up again,
G D A
And things would be different the next time we wed,
G D A
If I could only hang on and just be her friend.
G D A
I still can't remember all the best things she said.

Link 3 ‖: A G | D A :‖

Verse 7

A G D A
We came to the pyramids all embedded in ice.
G D A
He said, "There's a body I'm tryin' to find,
G D A
If I carry it out it'll bring a good price."
G D A
'Twas then that I knew what he had on his mind.

Verse 8

A G D
The wind it was howlin' and the snow was outrageous.
G D A
We chopped through the night and we chopped through the dawn.
G D A
When he died I was hopin' that it wasn't contagious,
G D A
But I made up my mind that I had to go on.

Link 4 ‖: A G | D A :‖

Verse 9

A G D A
I broke into the tomb, but the casket was empty.
G D A
There was no jewels, no nothin', I felt I'd been had.
G D A
When I saw that my partner was just bein' friendly,
G D A
When I took up his offer I must-a been mad.

```
Link 5      |: A   G  | D   A  :|  Play four times

            | A   | A   ||

             A          G         D             A
Verse 10    I picked up his body and I dragged him inside,
                                   G          D            A
            Threw him down in the hole and I put back the cover.
                             G   D   A
            I said a quick prayer and I felt satisfied.
                                  G      D                      A      A  |  A  |
            Then I rode back to find Isis to tell her I love her.

Link 6      |: A   G   D   A  :|  Play four times

                          A        G                      D              A
Verse 11    She was there in the meadow where the creek used to rise.
                        G          D          A
            Blinded by sleep and in need of a bed,
                               G                D           A
            I came in from the East with the sun in my eyes.
                             G                   A
            I cursed her one time then I rode on ahead.

                A                G              D              A
Verse 12    She said, "Where ya been?" I said, "No place special."
                                 G                D               A
            She said, "You look different." I said, "well, not quite."
                                 G     D                      A
            She said, "You been gone." I said, "That's only natural."
                                   G                       D   A
            She said, "You gonna stay?" I said, "Yeah, I jes might."

Link 7      |: A   G  | D   A  :|  Play four times

            G      F       C         G
Verse 13    Isis, oh, Isis, you mystical child.
                                 F             C          G
            What drives me to you is what drives me insane.
                        F             C            G
            I still can remember the way that you smiled
                                 F             C       G
            On the fifth day of May in the drizzlin' rain.

Outro       |: A   G  | D   A  :|  Play four times
```

John Wesley Harding

Words & Music by Bob Dylan

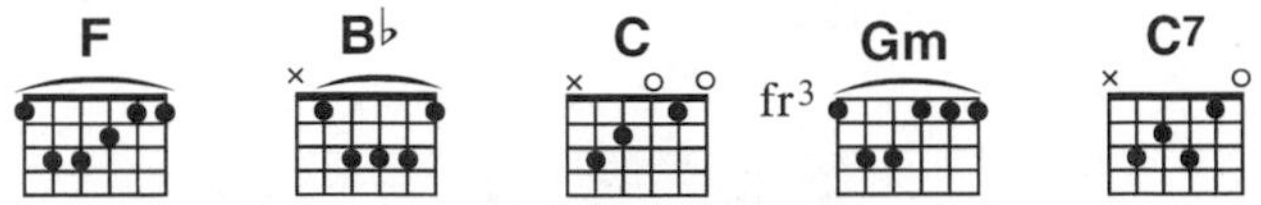

Verse 1

```
F                                     B♭ C       F
John Wesley Harding was a friend to the poor,
                                       Gm    B♭  C
He trav'led with a gun in ev'ry hand.
F                                  B♭      C        F
All along this countryside, he opened many a door,
                                B♭        C7    F
But he was never known to hurt an honest man.
```

Link 1

```
| F        | F        | B♭  C    | F        |
| F        | F        | Gm       | B♭  C    |
| F        | F        | B♭  C    | F        |
| F        | B♭  C    | F        | F        ||
```

Verse 2

```
F                               B♭       C       F
'Twas down in Chaynee County, a time they talk about,
                                          Gm     B♭  C
With his lady by his side he took a stand.
           F                           B♭        C          F
And soon the situation there was all but straightened out,
                             B♭       C7      F
For he was always know to lend a helping hand.
```

Link 2 As Link 1

Verse 3

```
F                                   B♭     C      F
All across the telegraph his name it did resound,
                                     Gm  B♭    C
But no charge held against him could they prove.
              F                  B♭      C        F
And there was no man around who could track or chain him down,
                             B♭   C7      F
He was never known to make a foolish move.
```

Outro As Link 1

Jokerman

Words & Music by Bob Dylan

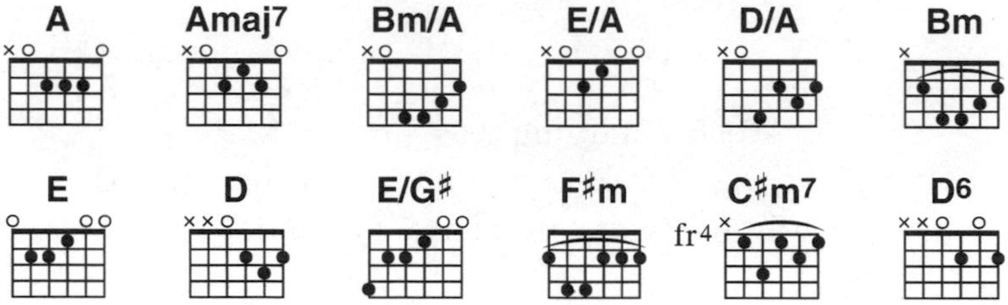

Capo first fret

Verse 1

A   Amaj7
Standing on the waters casting your bread
                    Bm/A
While the eyes of the idol
                  E/A   A   D/A
With the   iron head are glowing.
A   Amaj7
    Distant ships sailing into the mist,
                    Bm/A   E/A
You were born with a snake in both of your fists
                                              A
While a hurricane was blowing.
Bm   E   A
Freedom just around the corner for you
                  Bm   E   A   D
But with truth so far off,   what good will it do?

Chorus 1

E   D
Jokerman dance to the nightingale tune,
A   E/G♯   F♯m   D
Bird fly high by the light of the moon,
C♯m7   D6   E   A
Oh, _________ Jokerman.

Verse 2

```
A                        Amaj7
   So swiftly the sun sets in the sky,
Bm/A                 E/A                       A    D/A
   You rise up and say goodbye to no one.
A                         Amaj7
   Fools rush in where angels fear to tread,
Bm/A                          E/A                  A
Both of their futures, so full of dread, you don't show one.
Bm                 E                   A
   Shedding off one more layer of skin,
          Bm                E                         A    D
Keeping one step ahead of the persecutor within.
```

Chorus 2

```
E                         D
Jokerman dance to the nightingale tune,
A        E/G♯        F♯m        D
Bird fly high by the light of the moon,
C♯m7 D6  E   A
Oh, ________ Jokerman.
```

Verse 3

```
          A                                   Amaj7
You're a man of the mountains, you can walk on the clouds,
          Bm/A                       E/A              A    D/A
Manipulator of crowds, you're a dream twister.
                   A
You're going to Sodom and Gomorrah
     Amaj7
But what do you care?
       Bm/A                   E/A                A
Ain't nobody there would want to marry your sister.
Bm                         E                     A
Friend to the martyr, a friend to the woman of shame,
                 Bm
You look into the fiery furnace,
E                               A      D
See the rich man without any name.
```

Chorus 3

```
E                         D
Jokerman dance to the nightingale tune,
A        E/G♯        F♯m        D
Bird fly high by the light of the moon,
C♯m7 D6  E   A
Oh, ________ Jokerman.
```

Link 1 | A | Amaj7 | Bm/A | E/A | A | D/A ||

Verse 4

A Amaj7
Well, the Book of Leviticus and Deuteronomy,
Bm/A E/A A D/A
The law of the jungle and the sea are your only teachers.
A Amaj7
In the smoke of the twilight on a milk-white steed,
Bm/A E/A A
Michelangelo indeed could've carved out your features.
Bm E A
Resting in the fields, far from the turbulent space,
Bm E A D
Half asleep near the stars with a small dog licking your face.

Chorus 4

E D
Jokerman dance to the nightingale tune,
A E/G♯ F♯m D
Bird fly high by the light of the moon,
C♯m7 D6 E A
Oh, ________ Jokerman.

Link 2

| A | Amaj7 | Bm/A | E/A | A | D/A ||

Verse 5

A Amaj7
Well, the rifleman's stalking the sick and the lame,
Bm/A E/A A D/A
Preacherman seeks the same, who'll get there first is uncertain.
A Amaj7
Nightsticks and water cannons, tear gas, padlocks,
Bm/A E/A A
Molotov cocktails and rocks behind every curtain,
Bm E A
False-hearted judges dying in the webs that they spin,
Bm E A D
Only a matter of time 'til night comes stepping in.

Chorus 5

E D
Jokerman dance to the nightingale tune,
A E/G♯ F♯m D
Bird fly high by the light of the moon,
C♯m7 D6 E A
Oh, ________ Jokerman.

Link 3

| A | Amaj7 | Bm/A | E/A | A | D/A ||

```
           A                              Amaj7
Verse 6    It's a shadowy world, skies are slippery gray,
             Bm/A                          E/A
           A woman just gave birth to a prince today
                                  A       D/A
           And dressed him in scarlet.
                             A                              Amaj7
           He'll put the priest in his pocket, put the blade to the heat,
                         Bm/A                          E/A
           Take the motherless children off the street
                                       A
           And place them at the feet of a harlot.
           Bm                E                  A
           Oh, Jokerman, you know what he wants,
           Bm                E                          A         D
           Oh, Jokerman, you don't show any response.

           E                          D
Chorus 6   Jokerman dance to the nightingale tune,
           A         E/G#          F#m          D
           Bird fly high by the light of the moon,
           C#m7  D6   E    A
           Oh, ________ Jokerman.


Coda       |: A      | Amaj7  | Bm/A   | E/A    | A      | D/A    :|

           | Bm     | E      | A      | A      |

           | Bm     | E      | A      | D      |

           | E      | D      | A  E/G#  | F#m    || To fade
```

Just Like A Woman

Words & Music by Bob Dylan

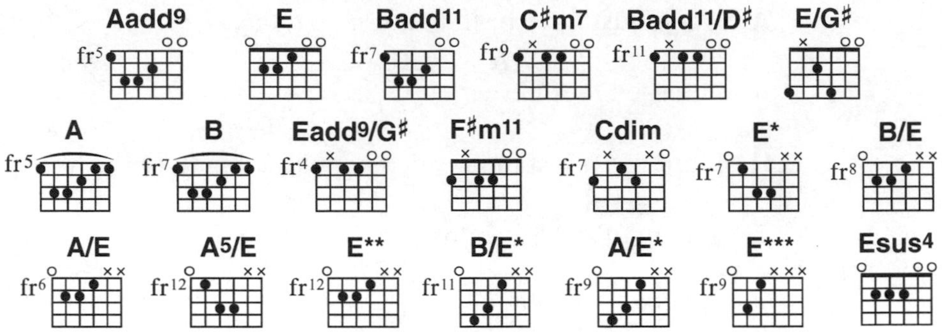

Tune down one semitone

Intro

Aadd9	E	Aadd9	E	
E	E	E	E	E
Badd11 C♯m7	C♯m7 Badd11/D♯	F♯m11	F♯m11	
E	Aadd9	E/G♯	Aadd9	E

E Badd11 Aadd9
No, no, no, no, no, no, no, no, no, no, no, no, no, no...

Verse 1

E Aadd9 Badd11 E Aadd9
Nobody feels any pain
E Aadd9 Badd11 E Aadd9 E
Tonight as I stand inside the rain
A B
Ev'rybody knows
A B
That baby's got new clothes
C♯m7 Badd11 Aadd9 Eadd9/G♯ F♯m11 Badd11
But late - ly I see her ribbons and her bow
Cdim C♯m7 E B/E A/E B/E
Have fallen from her curls.

```
            E          F#m11
Chorus 1    She takes       just like woman, yes, she does
                Eadd9/G#       Aadd9
            She makes love       just like a woman, yes, she does
                E             F#m11
            She aches just like a woman,
                   E     B/E    A/E    B/E   E
            But she breaks just like a little girl.

Link 1      | A5/E    E        | B/E    A/E      | E          | E     F#m11    |

            Aadd9 E    Badd11                 E
Verse 2     Queen Mary,     she's my friend,
                                     Aadd9  Badd11   E
            Yes, I believe I'll go see   her       again.
            A                      B
               Nobody has to guess
            A                              B
               That the baby can't be blessed,
            C#m7            Badd11   Aadd9    Eadd9/G#  F#m11            Badd11
               Till she     finally  sees     that      she's like all the rest,
            Cdim            C#m7     E                              E        B/E    A/E
                  With her fog,          her amphetamines and her pearls.

Chorus 2    As Chorus 1

Link 2      | A5/E    E        | B/E    A/E      | E          | E              |

            C#m7
Bridge      It was raining from the first

            And I was dying there of thirst
                                  E               Esus4  E   Esus4   E
            So I came in here
            Cdim          C#m7
               And your long-time curse hurts
                                                  Aadd9
            But what's worse is all this pain in here,
                    Badd11
            I can't stay in here

            Ain't it clear that…
```

Verse 3

```
E     Aadd9        Badd11  E      Esus4    E
I_______________ just can't fit,
                       Aadd9   Badd11  E      Esus4    E
Yes, I believe it's time  for  us   to   quit
A                         B    A            B
When we meet again, introduced as friends
C♯m7   Badd11   Aadd9   Eadd9/G♯   F♯m11            Badd11
Please don't you let          on           that you knew me when
Cdim       C♯m7               E                   E*        B/E   A/E   B/E
              I was hungry,      and it was your world.
```

Chorus 3

```
                E                 F♯m11
Ah, you fake just like a woman,
                       E                        Aadd9    F♯m11
Yes you do, and you make love just like a woman, yes, you do
                E                 F♯m11
And you, you ache just like a woman,
E*                   B/E            E
  But you break just like a little girl.
```

Link 3

```
||: E*      | E***      | F♯m11      | Aadd9      :|| Play 3 times
                                                      w/vocal ad lib.
```

Coda

```
              E*     B/E       A/E        E
But you break, just like a little girl.

| A5/E    E**    | B/E*   A/E*   | E*          | E  Esus4  E  |
```

Just Like Tom Thumb's Blues

Words & Music by Bob Dylan

Dsus2 D D/C C C/G G D7

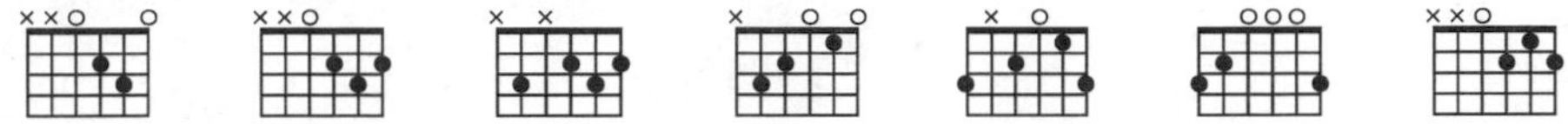

Intro ‖: Dsus2 D | D/C C | C/G G | C/G G :‖

Verse 1

```
            G                    C
When you're lost in the rain in Juarez,
          D/C   C    G    C/G  G
When it's Eastertime too,

And your gravity fails
          C     D/C       C   G        C/G   G
And negativity don't pull you through.
      C
Don't put on any airs
                                   G
When you're down on Rue Morgue Avenue,
              D7
They got some hungry women there
                                 G      C/G   G
And they really make a mess outta you.
```

Verse 2

```
       G
Now if you see Saint Annie
   C            D/C  C      G    C/G  G
Please tell her     thanks a lot.

I cannot move,
   C            D/C  C    G     C/G  G
My fingers are all     in a knot,
  C
I   don't have the strength
                            G
To get up and take another shot,
```

```
         D7
cont.    And my best friend, my doctor,
                                 G         C/G   G
         Won't even say what it is I've got.

         G
Verse 3     Sweet Melinda,
             C                               G        C/G  G
         The peasants call her the goddess of   gloom,

         She speaks good English
                    C            D/C   C  G      C/G  G
         And she invites you up into    her room.
              C
         And you're so kind
                                        G      C/G  G
         And careful not to go to her too soon,
              D7
         And she takes your voice
                                       G      C/G  G
         And leaves you howling at the moon.

                G
Verse 4  Up on Housing Project Hill
         C                       G
           It's either fortune or fame:

         You must pick one or the other,
                 C              D/C   C            G      C/G  G
         Though neither of them are to be what they  claim.
                  C
         If you're looking to get silly
                                              G      C/G  G
         You better go back to from where you came
                     D7
         Because the cops don't need you
                                     G   C/G  G
         And man, they expect the same.

              G
Verse 5  Now all the authorities
         C                 D/C   C   G      C/G  G
         They just stand around   and boast
                                              C
         How they blackmailed the sergeant-at-arms
              D/C    C   G    C/G  G
         Into leaving his post.
```

cont.

```
          C
And picking up Angel who
                                          G       C/G  G
Just arrived here from the coast,
                   D7
Who looked so fine at first
                                          G         C/G  G
But left looking just like a   ghost.
```

Solo

```
|: G        | C   D/C  C | G   C/G | G      :|
|  C        | C          | G   C/G | C       |
|  D7       | D7         | G   C/G | G      ||
```

Verse 6

```
  G
I started out on burgundy
     C           D/C   C   G      C/G  G
But soon hit the hard - er   stuff,
                                C
Everybody said they'd stand behind me
                 D/C   C   G       C/G  G
When the game got rough.
            C
But the joke was on me,
                                          G      C/G  G
There was nobody even there to bluff.
                D7
I'm going back to New York City,
                              G       C/G  G
I do believe I've had enough.
```

Coda

```
|: Dsus2  D | D/C  C | G   C/G | G      :|
```

Repeat to fade

Lay Lady Lay

Words & Music by Bob Dylan

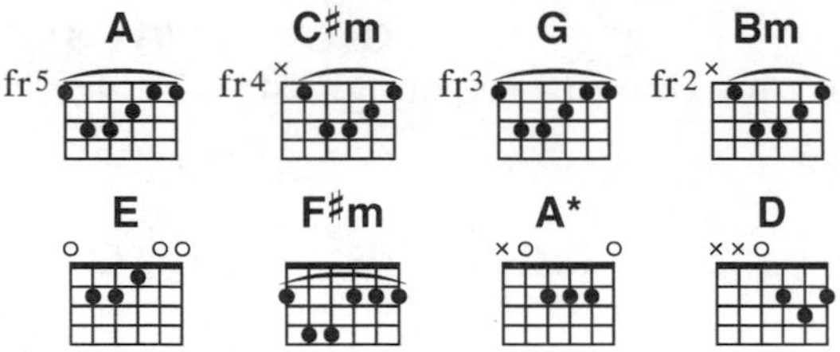

Intro 𝄆 A C♯m | G Bm 𝄇

Chorus 1

A C♯m G Bm A C♯m G Bm
Lay, lady, lay, lay across my big brass bed.

A C♯m G Bm A C♯m G Bm
Lay, lady, lay, lay across my big brass bed.

Verse 1

E F♯m A*
Whatever colors you have in your mind,

E F♯m A*
I'll show them to you and you'll see them shine.

Chorus 2

A C♯m G Bm A C♯m G Bm
Lay, lady, lay, lay across my big brass bed.

A C♯m G Bm A C♯m G Bm
Stay, lady, stay, stay with your man awhile.

A C♯m
Until the break of day,

G Bm A C♯m G Bm
Let me see you make him smile.

Verse 2

E F♯m A*
His clothes are dirty but his hands are clean.

E F♯m A*
And you're the best thing that he's ever seen.

Chorus 3

A C♯m G Bm A C♯m G Bm
Stay, lady, stay, stay with your man awhile.

Bridge 1

```
C♯m                              E    D    A*
   Why wait any longer for the world to begin?
C♯m                              Bm       A*
   You can have your cake and eat it too.
C♯m                              E   D  A*
   Why wait any longer for the one you love?
          C♯m                    Bm
When he's standing in front of you.
```

Chorus 4

```
A            C♯m G         Bm                 A C♯m G Bm
   Lay, lady, lay,    lay across my big brass bed.
A             C♯m G              Bm       A      C♯m G Bm
   Stay, lady, stay,    stay while the night is still ahead.
```

Verse 3

```
E           F♯m        A*
   I long to see you in the morning light.
E           F♯m        A*
   I long to reach for you in the night.
```

Chorus 5

```
A             C♯m G              Bm       A      C♯m G Bm
   Stay, lady, stay,    stay while the night is still ahead.
```

Coda

```
| A*  Bm | C♯m  D | A*    ||
```

Like A Rolling Stone

Words & Music by Bob Dylan

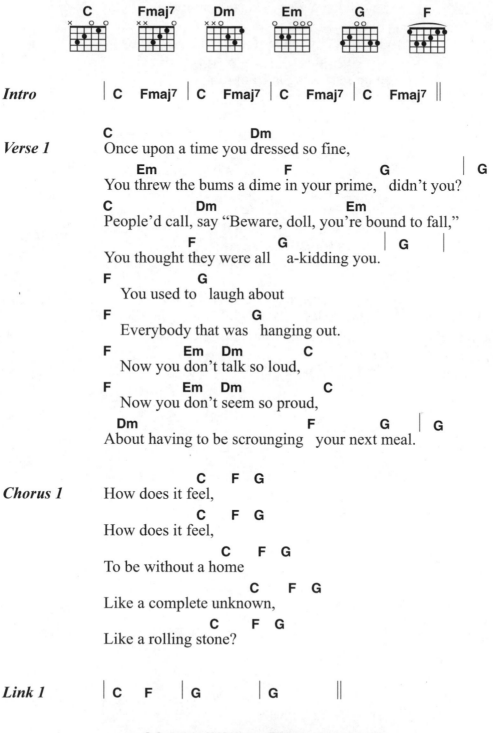

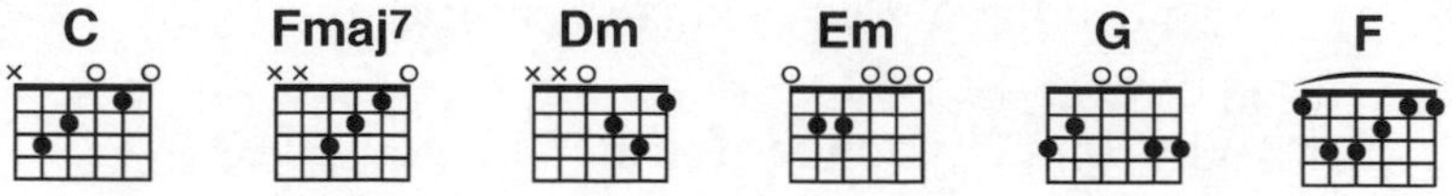


```
Intro       | C   Fmaj7 | C   Fmaj7 | C   Fmaj7 | C   Fmaj7 ||

            C                          Dm
Verse 1     Once upon a time you dressed so fine,
                  Em                         F              G           | G |
            You threw the bums a dime in your prime,   didn't you?
            C                Dm                            Em
            People'd call, say "Beware, doll, you're bound to fall,"
                              F                G              | G |
            You thought they were all    a-kidding you.
            F                  G
               You used to   laugh about
            F                            G
               Everybody that was   hanging out.
            F               Em    Dm            C
               Now you don't talk so loud,
            F               Em    Dm                C
               Now you don't seem so proud,
               Dm                                F            G     | G
            About having to be scrounging   your next meal.

                           C     F   G
Chorus 1    How does it feel,
                           C     F   G
            How does it feel,
                                C     F   G
            To be without a home
                                     C     F   G
            Like a complete unknown,
                              C     F   G
            Like a rolling stone?

Link 1      | C   F   | G        | G        ||
```

Verse 2

```
           C             Dm                Em
You've   gone to the finest school alright, Miss Lonely,
           F                            G        | G     |
But you know you only used to get   juiced in it.
    C                      Dm                     Em
Nobody's ever taught you how to live out on the street
                      F                  G      | G     |
And now you're gonna have to get   used to it.
F                  G
   You said you'd never   compromise
F                                        G
   With the mystery tramp but now you   realise
F          Em           Dm  C
   He's not selling any   alibis __
F                       Em       Dm   C
As you stare into the vacuum of his eyes
     Dm                      F      G       | G     |
And say "Do you want to    make a deal?"
```

Chorus 2

```
                    C   F  G
How does it feel,
                    C   F  G
How does it feel,
                      C   F  G
To be on your own
                          C   F  G
With no direction home,
                        C   F  G
A complete unknown,
                      C   F  G
Like a rolling stone?
```

Link 2

```
| C   F  | G       | G        ||
```

Verse 3

```
        C              Dm
You   never turned around to see the frowns
Em                           F
   On the jugglers and the clowns
                        G              | G      |
When they all did   tricks for you.
        C                         Dm
You never understood that it ain't no good,
      Em                F                  G         | G     |
You shouldn't let other people get your   kicks for you.
```

cont.

```
F                                                            G
    You used to ride on the chrome horse with your  diplomat
F                                          G
    Who carried on his shoulder a  Siamese cat.
F                 Em               Dm       C
    Ain't it hard  when you discover that
F             Em    Dm          C
    He really wasn't where it's at
Dm
After he took from you everything
F              G     | G
    He could steal? __
```

Chorus 3

```
               C    F  G
How does it feel,
               C    F  G
How does it feel,
                   C    F  G
To be on your own
                        C     F  G
With no direction home,
                          C     F  G
Like a complete unknown,
                   C    F  G
Like a rolling stone?
```

Link 3

```
| C   F   | G        | G        ||
```

Verse 4

```
C                       Dm                  Em
    Princess on the steeple and all the  pretty people
             F                              G         | G    |
They're all drinking, thinking that they  got it made,
C                    Dm
    Exchanging all  precious gifts
Em                    F
    But you'd better take your diamond ring,
G                                | G    |
    You'd better pawn it babe.
F                    G
    You used to be  so amused
F                          G
    At Napoleon in rags  and the language that he used.
```

cont.

```
F                   Em                   Dm      C
   Go to him now, he calls you, you can't refuse,
F                 Em                Dm          C
   When you got nothing you got   nothing to lose.
Dm
   You're invisible now, you got no secrets
F         G    | G
   To conceal. ___
```

Chorus 4

```
             C    F   G
How does it feel,
             C    F   G
How does it feel,
               C    F   G
To be on your own
                    C    F   G
With no direction home,
                      C    F   G
Like a complete unknown,
               C    F   G
Like a rolling stone?
```

Coda

```
|: C   F  | G        | C   F  | G        :|
```

Repeat to fade

Knockin' On Heaven's Door

Words & Music by Bob Dylan

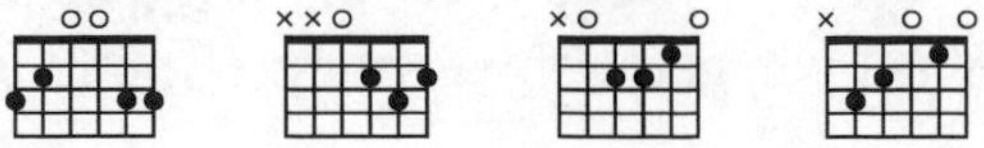

Intro ||: G D | Am | G D | C :||

Verse 1

G D Am
Mama, take this badge off of me,
G D C
I can't use it anymore.
G D Am
It's gettin' dark, too dark to see,
G D C
I feel like I'm knockin' on heaven's door.

Chorus 1

G D Am
Knock, knock, knockin' on heaven's door,
G D C
Knock, knock, knockin' on heaven's door,
G D Am
Knock, knock, knockin' on heaven's door,
G D C
Knock, knock, knockin' on heaven's door.

Verse 2

G D Am
Mama, put my guns in the ground,
G D C
I can't shoot them anymore.
G D Am
That long black cloud is comin' down,
G D C
I feel like I'm knockin' on heaven's door.

Chorus 2 As Chorus 1

Coda | G D | Am | G D | C || *To fade*

The Man In Me

Words & Music by Bob Dylan

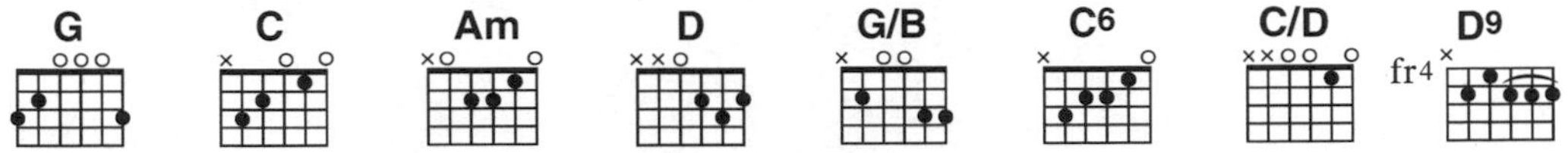

Capo first fret

Intro | G | C Am | D | G |

| G | C | D | G ‖

Verse 1
G C G/B Am
The man in me will do nearly any task,
D C C6 G
And as for compen - sation, there's little he would ask.

Take a woman like you
C C/D G
To get through to the man in me.

Verse 2
G C G/B Am
Storm clouds are raging all a - round my door,
D C C6 G
I think to my - self I might not take it any - more.

Take a woman like your kind
C C/D G
To find the man in me.

Chorus 1
Am G Am G
But, oh, what a wonderful feeling, just to know that you are near,
Am G Am D
Sets my a heart a-reeling, from my toes up to my ears.

Verse 3
G C G/B Am
The man in me will hide sometimes to keep from bein' seen
D C C6 G
But that's just because he doesn't want to turn into some ma - chine.

Took a woman like you
C C/D G
To get through to the man in me.

Outro ‖: G | C G/B | Am | D D9 | G :‖ *Repeat to fade*

Maggie's Farm

Words & Music by Bob Dylan

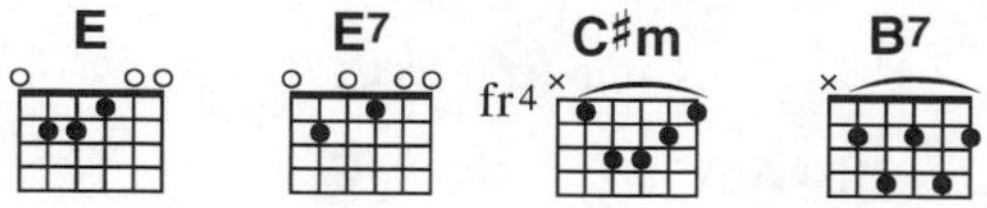

Capo third fret

Intro | E | E ||

Verse 1

E7
I ain't gonna work on Maggie's farm no more.

No, I ain't gonna work on Maggie's farm no more.

Well, I wake in the morning, fold my hands and pray for rain.

I got a head full of ideas that are drivin' me insane.

C♯m B7
It's a shame the way she makes me scrub the floor.

E7
Oh, I ain't gonna work on Maggie's farm no more.

Link 1 | E | E ||

Verse 2

E7
I ain't gonna work for Maggie's brother no more.

No, I ain't gonna work for Maggie's brother no more.

Well, he hands you a nickel, he hands you a dime,

He asks you with a grin if you're havin' a good time,

C♯m B7
Then he fines you every time you slam the door.

E7
I ain't gonna work for Maggie's brother no more.

Link 2 | E | E ||

Verse 3

E7
I ain't gonna work for Maggie's pa no more.

No, I ain't gonna work for Maggie's pa no more.

Well, he puts his cigar out in your face just for kicks.

His bedroom window it is made out of bricks.

C♯m B7
The National Guard stands around his door.

E7
Ah, I ain't gonna work for Maggie's pa no more.

Link 3 | E | E | E | E ‖

Verse 4

E7
I ain't gonna work for Maggie's ma no more.

No, I ain't gonna work for Maggie's ma no more.

Well, she talks to all the servants about man and God and law.

Everybody says she's the brains behind pa.

C♯m B7
She's sixty-eight, but she says she's fifty - four.

E7
I ain't gonna work for Maggie's ma no more.

Link 4 | E | E | E ‖

Verse 5

E7
I ain't gonna work on Maggie's farm no more.

No, I ain't gonna work on Maggie's farm no more.

Well, I try my best to be just like I am,

But everybody wants you to be just like them.

C♯m B7
They say sing while you slave and I just get bored.

E7
I ain't gonna work on Maggie's farm no more.

Outro | E | E | E | E ‖ *To fade*

Make You Feel My Love

Words & Music by Bob Dylan

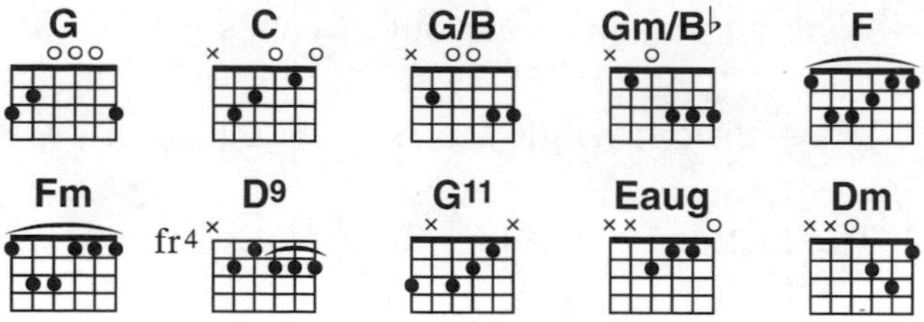

Capo first fret

Verse 1

G   C   G/B
      When the rain is blowing in your face,
G/B   F
   And the whole world is on your case,
Fm   C
   I could offer you a warm embrace,
D9   G11   C
   To make you feel my love.

Verse 2

C   G/B
   When the evening shadows and the stars appear,
Gm/B♭   F
   And there is no one there to dry your tears,
Fm   C
I could hold you for a million years,
D9   G11   C
   To make you feel my love.

Bridge 1

F   C
   I know you haven't made your mind up yet,
Eaug   F   C
   But I would never do you wrong.
F   C
   I've known it from the moment that we met,
Dm   G
   No doubt in my mind where you be - long.

Verse 3

```
C                         G/B
  I'd go hungry, I'd go black and blue,
Gm/B♭                      F
  I'd go crawling down the avenue,
Fm                               C
  I know there's nothing that I wouldn't do,
D9              G11     C
  To make you feel my love.
```

Instr.

```
| C      | G/B    | Gm/B♭  | F      |
| Fm     | C      | D9 G11 | C      ||
```

Bridge 2

```
Fm                                C
  The storms are raging on the rollin' sea,
Eaug                             C
  And on the highway of re - gret.
F                                      C
  The winds of change are blowing wild and free,
Dm                                  G11
You ain't seen nothing like me yet.
```

Verse 4

```
C                                          G/B
I could make you happy, make your dreams come true,
Gm/B♭              F
  Nothing that I wouldn't do,
Fm                          C
  Go to the ends of the earth for you,
D9              G11     C
  To make you feel my love.
```

Outro

```
| C      | G/B    | Gm/B♭  | F      |
| Fm     | C      | D9 G11 | C      ||  To fade
```

Masters Of War

Words & Music by Bob Dylan

⑥ = D ③ = G
⑤ = A ② = B
④ = D ① = E

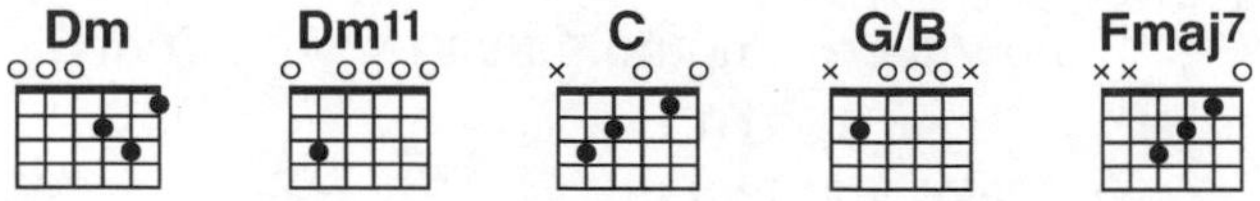

Capo third fret

Intro | Dm Dm11 |

Dm Dm11 Dm Dm11
Come you masters of war
Dm Dm11 Dm Dm11
You that build the big guns
Dm Dm11 Dm Dm11
You that build the death planes
Dm C Dm Dm11
You that build all the bombs
Dm Dm11 Dm Dm11
You that hide be - hind walls
Dm Dm11 Dm Dm11
You that hide be - hind desks
Dm C
I just want you to know
Dm Dm11
I can see through your masks.

Verse 1

Dm Dm11 Dm Dm11
You that never have done nothing
Dm Dm11 Dm Dm11
But build to de - stroy
Dm Dm11 Dm Dm11
You play with my world
Dm C Dm Dm11
Like it's your little toy
Dm Dm11 Dm Dm11
You put a gun in my hand
Dm C Dm Dm11
And you hide from my eyes
Dm C
And you turn and run farther
Dm Dm11
When the fast bullets fly.

Verse 2

```
Dm            Dm11 Dm  Dm11
Like Judas of     old
Dm             Dm11 Dm   Dm11
You lie and de  -  ceive
Dm                   Dm11 Dm   Dm11
A world war can be      won
Dm          C            Dm   Dm11
You want me to be - lieve
Dm                    Dm11 Dm   Dm11
But I see through your  eyes
Dm     C                  Dm   Dm11
And I see through your brain
Dm                        Fmaj7
Like I see through the water
       C               Dm     Dm11 Dm  Dm11
That runs down my drain.
```

Verse 3

```
Dm             Dm11  Dm        Dm11
You fasten all the triggers
Dm                  Dm11 Dm   Dm11
For the others to       fire
Dm                    Dm11 Dm    Dm11
Then you set back and   watch
Dm          C            Dm           Dm11
When the death count gets higher
Dm             Dm11 Dm      Dm11
You hide in your  mansion
Dm          C              G/B  Dm    Dm11
While the young peo - ple's blood
Dm                   C
Flows out of their bodies
                            Dm  Dm11
And is buried in the mud.
```

Verse 4

Dm Dm11 Dm Dm11
You've thrown the worst fear

Dm Dm11 Dm Dm11
That can ever be hurled

Dm Dm11 Dm Dm11 Dm
Fear to bring children

C G/B Dm Dm11
Into the world

Dm Dm11 Dm Dm11
For threatening my baby

Dm C G/B Dm Dm11
Un - born and un - named

Dm Fmaj7
You ain't worth the blood

C Dm Dm11
That runs in your veins.

Verse 5

Dm Dm11 Dm Dm11
How much do I know

Dm Dm11 Dm Dm11
To talk out of turn

Dm Dm11 Dm Dm11
You might say that I'm young

Dm C G/B Dm Dm11
You might say I'm un - learned

Dm Dm11 Dm Dm11
But there's one thing I know

Dm C Dm Dm11
Though I'm younger than you

Dm C
Even Jesus would never

G/B Dm Dm11
Forgive what you do

Dm Dm11 Dm Dm11
Let me ask you one question

Dm Dm11 Dm Dm11
Is your money that good?

Dm Dm11 Dm Dm11
Will it buy you for - giveness?

Dm C G/B Dm Dm11
Do you think that it could?

Dm Dm11 Dm Dm11
I think you will find,

cont.

Dm C G/B Dm Dm^{11}
When your death takes its toll

Dm C
All the money you made

G/B Dm Dm^{11}
Will never buy back your soul.

Verse 6

Dm Dm^{11} Dm Dm^{11}
And I hope that you die

Dm Dm^{11} Dm Dm^{11}
And your death'll come soon

Dm Dm^{11} Dm Dm^{11}
I will follow your casket

Dm C G/B Dm Dm^{11}
In the pale af - ter - noon

Dm Dm^{11} Dm Dm^{11}
And I'll watch while you're lowered

Dm C G/B Dm Dm^{11}
Down to your death - bed

Dm Fmaj^{7}
And I'll stand o'er your grave

C Dm
'Til I'm sure that you're dead.

Most Likely You Go Your Way (And I'll Go Mine)

Words & Music by Bob Dylan

Intro | G7 | G7 | G7 | G7 ‖

Verse 1

Am
You say you love me and you're thinkin' of me,
G7
But you know you could be wrong.
Am
You say you told me that you wanna hold me,
G
But you know you're not that strong.
Bm Em
I just can't do what I done before,
Am
I just can't beg you any more,
G G7 D
I'm gonna let you pass and I'll go last.
G Bm C G
Then time will tell just who fell
C D N.C
And who's been left behind,
G7
When you go your way and I go mine.

Verse 2

Am
You say you disturb me and you don't deserve me,
G7
But you know sometimes you lie.
Am
You say you're shakin' and you're always achin'
G7
But you know how hard you try.

```
           Bm                    Em
Cont.      Sometimes it gets so hard to care,
           Am
             It can't be this way ev'rywhere.
                          G       G7          D
           And I'm gonna let you pass, yes and I'll go last.
                  G          Bm    C     D
           Then time will tell just who fell
                C                D
           And who's been left behind,
                                         D7    N.C
           When you go your way and I go mine.

           Em                                          D
Bridge     The judge, he holds a grudge, he's gonna call on you.
                    Em                                                      D
           But he's badly built and he walks on stilts,  watch out he don't fall on you.

Link       | G7        | G7         | G7         | G7         ||

           Am
Verse 3    You say you're sorry for tellin' stories
                                        G7
           That you know I believe are true.
           Am
           You say you got some other kind of lover,
                                  G7
           And yes, I believe you do.
             Bm
           You say my kisses are not like his,
                        Am
           But this time I'm not gonna tell you why that is.
                            G                   D
           I'm just gonna let you pass, yes and I'll go last.
                G         Bm C  G        C                      D   N.C
           Then time will tell who fell, and who's been left behind,
                                             G7
           When you go your way and I go mine.

Outro      |: G7        | G7        | G7        | G7        :| Repeat to fade
```

Most Of The Time

Words & Music by Bob Dylan

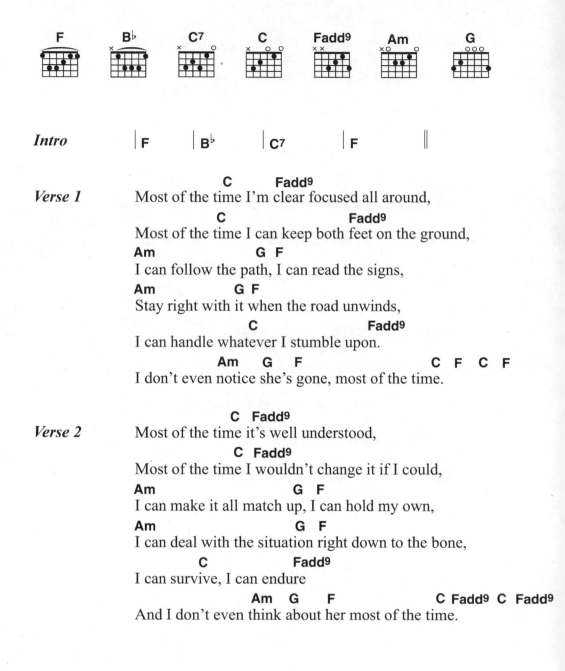

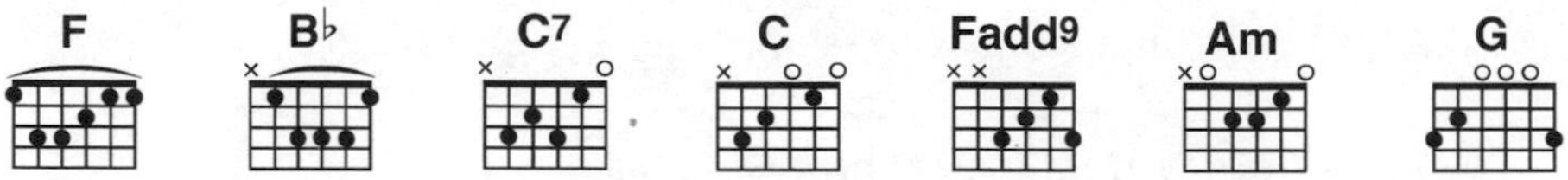

Intro | F | B♭ | C7 | F ||

Verse 1

```
                      C          Fadd9
Most of the time I'm clear focused all around,
                   C                        Fadd9
Most of the time I can keep both feet on the ground,
Am                        G  F
I can follow the path, I can read the signs,
Am                  G  F
Stay right with it when the road unwinds,
                          C                 Fadd9
I can handle whatever I stumble upon.
                    Am     G     F                        C   F   C   F
I don't even notice she's gone, most of the time.
```

Verse 2

```
                      C  Fadd9
Most of the time it's well understood,
                       C  Fadd9
Most of the time I wouldn't change it if I could,
Am                              G   F
I can make it all match up, I can hold my own,
Am                              G   F
I can deal with the situation right down to the bone,
                 C             Fadd9
I can survive, I can endure
                          Am    G     F                C Fadd9 C Fadd9
And I don't even think about her most of the time.
```

                    C Fadd9
Verse 3   Most of the time my head is on straight,
                    C Fadd9   G
Most of the time I'm strong enough not to hate.
Am   G F   G
I don't build up illusion 'til it makes me sick,
Am   G   F
I ain't afraid of confusion no matter how thick.
                         C   Fadd9
I can smile in the face of mankind.
                    Am   G   Fadd9   C F C F G
Don't even remember what her lips felt like on mine most of the time.

Am   G C   G
Verse 4   Most of the time she ain't even in my mind,
Am   G C
I wouldn't know her if I saw her, she's that far behind.
E7   Am   E7
Most of the time I can't even be sure if she was ever with me
Am   F/C
Or if I was ever with her.

                    C Fadd9
Verse 5   Most of the time I'm half way content,
                    C Fadd9   C
Most of the time I know exactly where where it went,
Am   G F
I don't cheat on myself, I don't run and hide,
Am   F
Hide from the feelings that are buried inside.
                      C   Fadd9
I don't compromise and I don't pretend,
                  Am   Fadd9   C   Fadd9
I don't even care if I ever see her again most of the time.

Outro |: C | Fadd9 | C | Fadd9 :| *Repeat to fade*

Mr. Tambourine Man

Words & Music by Bob Dylan

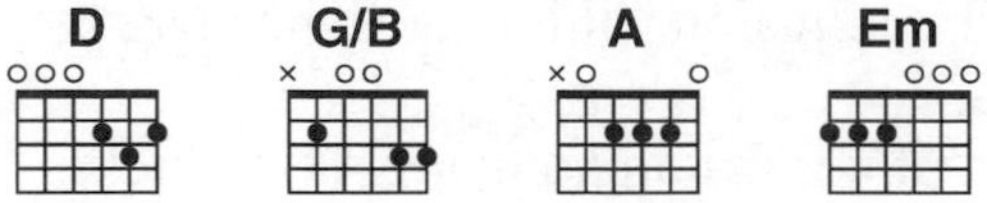

Capo third fret, sixth string tuned down a tone

Intro | D | D ||

Chorus 1

G/B A D G/B
Hey! Mr. Tambourine Man, play a song for me,
D G/B A
I'm not sleepy and there is no place I'm goin' to.
G/B A D G/B
Hey! Mr. Tambourine Man, play a song for me,
D G/B A D
In the jingle jangle morning I'll come followin' you.

Verse 1

G/B A D G/B
Though I know that evenin's empire has returned into sand,
D G/B
Vanished from my hand,
D G/B Em A
Left me blindly here to stand but still not sleeping.
G/B A D G/B
My weariness amazes me, I'm branded on my feet,
D G/B
I have no one to meet
D G/B Em A
And the ancient empty street's too dead for dreaming.

Chorus 2 As Chorus 1

Link 1 | D | D ||

Verse 2

```
G/B          A              D            G/B
Take me on a trip upon your magic swirlin' ship,
   D                G/B          D                   G/B
My senses have been stripped, my hands can't feel to grip,
   D                G/B        D             Em
My toes too numb to step, wait only for my boot heels
      A
To be wanderin'.
    G/B         A             D            G/B
I'm ready to go anywhere, I'm ready for to fade
  D         G/B               D                G/B
Into my own parade, cast your dancing spell my way,
  Em            A
I promise to go under it.
```

Chorus 3

```
G/B      A               D               G/B
Hey! Mr. Tambourine Man, play a song for me,
        D                G/B             A
I'm not sleepy and there is no place I'm goin' to.
G/B      A               D               G/B
Hey! Mr. Tambourine Man, play a song for me,
       D             G/B               A         D
In the jingle jangle morning I'll come followin' you.
```

Link 2

| D | D ||

Verse 3

```
           G/B                  A
Though you might hear laughin', spinnin',
         D                G/B
Swingin' madly across the sun,
         D         G/B              D               G/B
It's not aimed at anyone, it's just escapin' on the run
        D                 G/B    Em     A
And but for the sky there are no fences facin'.
       G/B            A      D                    G/B
And if you hear vague traces of skippin' reels of rhyme
        D             G/B               D            G/B
To your tambourine in time, it's just a ragged clown behind,
           D          G/B               D
I wouldn't pay it any mind, it's just a shadow you're
Em          A
Seein' that he's chasing.
```

Chorus 4 As Chorus 3

Harmonica solo

```
| G/B  A | D  G/B | D  G/B | D  G/B | D  G/B |
| D  G/B | D  Em  | A      | G/B  A | D  G/B |
| D  G/B | D  G/B | D  Em  | A  D   | D      ||
```

Verse 4

```
     G/B          A                   D                 G/B
Then take me disappearin’ through the smoke rings of my mind,
           D               G/B    D               G/B
Down the foggy ruins of time, far past the frozen leaves,
     D                    G/B      D             G/B
The haunted, frightened trees, out to the windy beach,
    D                G/B      Em     A
Far from the twisted reach of crazy sorrow.
         G/B              A                 D
Yes, to dance beneath the diamond sky with one hand waving free,
       D            G/B         D            G/B
Silhouetted by the sea, circled by the circus sands,
         D             G/B       D                 G/B
With all memory and fate driven deep beneath the waves,
           D           Em          A
Let me forget about today until tomorrow.
```

Chorus 5 As Chorus 3

Coda

```
| G/B  A | D  G/B | D  G/B | D  G/B | D  G/B || To fade
```

My Back Pages

Words & Music by Bob Dylan

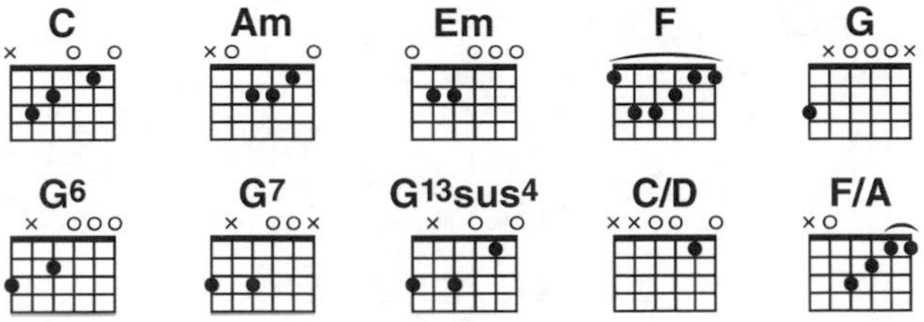

Capo third fret

Intro | C | C | C | C ‖

Verse 1

C Am Em
Crimson flames tied through my ears,
F G G6 G7 C
Rollin' high and migh - ty traps.
Am Em C
Pounced with fire on flaming roads,
F Em G G6
Using ideas as my maps.
G7 F Am G G6 G7 C
"We'll meet on edges, soon," said I,
Am F G
Proud 'neath heated brow.
C Am C
Ah, but I was so much older then,
F G G6 G7 C G G6 G7 G13sus4
I'm younger than that now.

Verse 2

C Am Em
Half-wracked prejudice leaped forth
F G G6 G7 C
"Rip down all hate," I screamed.
Am Em
Lies that life is black and white
F G G6 G7
Spoke from my skull. I dreamed
Am Em
Ro - mantic facts of musketeers,
F G
Foun - dationed deep, some - how.

```
               C     Am       Em   F
cont.   Ah, but I was so much older then,
          G         G6 G7       C
        I'm young - er   than that now.

        C          Am         Em
Verse 3 Girls' faces formed the forward path
             F       G     G6    G7 C
        From phony jea - lou - sy
                    Am    Em
        To memo - rizing politics
            F        C/D    G    G6  G7
        Of ancient histo - ry.
                Am                   Em
        Flung down by corpse e - vangelists,
              F                          G      G6   G7
        Un - thought of, though, some - how.
               C                F    C
        Ah, but I was so much older then,
           F         G    G6 G7  C
        I'm younger than      that now.

        C          Am          Em
Verse 4 A self - or - dained pro - fessor's tongue,
           F       G G6  G7 C
        Too serious        to  fool.
                 Am      Em
        Spouted out that liberty
          F              G       G6  G7
        Is just equality in school.
              Am       Em
        "E - quality," I spoke the word,
            F            G     G6  G7
        As if a wedding vow.
               C     Am
        Ah, but I was so much older then,
           F         G    G6  G7  C
        I'm younger than       that now.
```

```
            C              Am        Em
Verse 5     In a soldier's stance, I aimed my hand
                   F          G     G6 G7  C
            At the mongrel dogs      who teach.
                                 Am              Em
            Fearing not that I'd become my e - nemy
                  F             G       G6  G7
            In the instant that I preach.
               Am                F        C
            My existence led by confusion boats,
            Am            Em        G    G6  G7
            Mutiny from stern to bow.
                     C     Am      F/A  C
            Ah, but I was so much older then,
                G        G6 G7       C
            I'm young - er   than that now.

            C               Am                 Em
Verse 6     Yes, my guard stood hard when abstract threats
            F          G  G6 G7  C
            Too noble to       ne - glect,
                            Am  Em
            Deceived me into  thinking
                  F             G      G6  G7
            I had something to protect.
            Am                   Em
            Good and bad, I de - fine these terms,
            F                             G    G6  G7
            Quite clear, no doubt, some - how.
                     C     Am      F    C
            Ah, but I was so much older then,
                F        G6 G7       C
            I'm young - er   than that now.
```

Mississippi

Words & Music by Bob Dylan

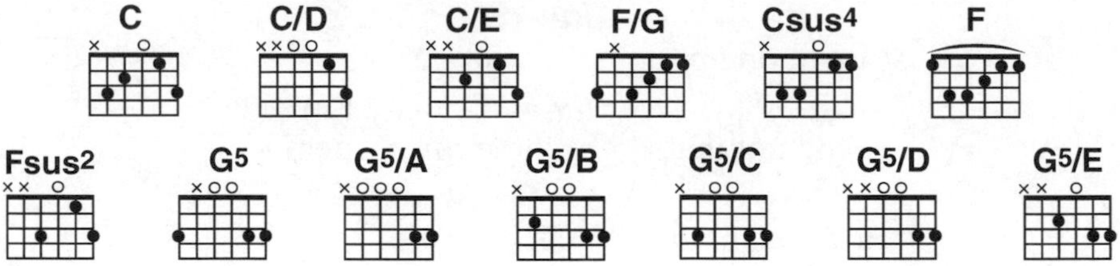

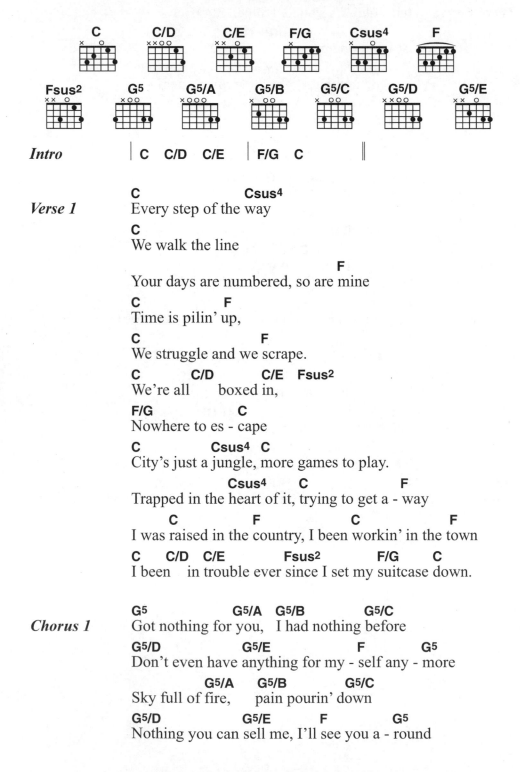

```
Intro      | C   C/D   C/E   | F/G   C        ||

           C                    Csus4
Verse 1    Every step of the way
           C
           We walk the line
                                     F
           Your days are numbered, so are mine
           C              F
           Time is pilin' up,
           C                   F
           We struggle and we scrape.
           C        C/D       C/E   Fsus2
           We're all      boxed in,
           F/G           C
           Nowhere to es - cape
           C              Csus4  C
           City's just a jungle, more games to play.
                           Csus4      C                 F
           Trapped in the heart of it, trying to get a - way
                  C               F               C                F
           I was raised in the country, I been workin' in the town
           C      C/D   C/E           Fsus2          F/G       C
           I been    in trouble ever since I set my suitcase down.

           G5                 G5/A   G5/B           G5/C
Chorus 1   Got nothing for you,   I had nothing before
           G5/D                G5/E                  F           G5
           Don't even have anything for my - self any - more
                         G5/A      G5/B           G5/C
           Sky full of fire,      pain pourin' down
           G5/D                G5/E         F              G5
           Nothing you can sell me, I'll see you a - round
```

Verse 2

```
C                       Csus4    C
All my powers of ex - pression and thoughts so sublime
                     Csus4     C          F
Could never do you justice in reason or rhyme,
C          F    C   F
Only one thing I did wrong
C      C/D          C/E  Fsus2  F/G    C
Stayed in Mississip - pi      a     day too long.

| C  C/D  C/E  Fsus2 | F/G  C        |

C                                          Csus4
Well, the devil's in the alley, mule's in the stall
C                 Csus4                  F
Say anything you wanna, I have heard it all
C                        F           C     F
I was thinking about the things that Rosie said
C      C/D               C/E     Fsus2          F/G  C
I was dreaming I was sleeping    in Rosie's bed
C                     Csus4  C                Csus4
Walking through the leaves, falling from the trees
C               Csus4    C        F
Feeling like a stranger nobody sees
C         F     C                    F
So many things that we never will un - do
C  C/D           C/E    Fsus2  F/G   C
I   know you're sorry, I'm      sorry too.
```

Chorus 2

```
G5                   G5/A            G5/B            G5/C
Some people will offer you their hand and some won't
G5/D       G5/E         F       G5
Last night I knew you, to - night I don't
                     G5/A      G5/B       G5/C
I need somethin' strong to distract my mind
G5/D                G5/E        F        G5
I'm gonna look at you 'til my eyes go blind.
```

Verse 3

```
C                  Csus4        C          Csus4
Well I got here following the southern star
C                                              F
I crossed that river just to be where you are
C          F      C     F
Only one thing I did wrong
C           C/D          C/E  Fsus2  F/G     C
Stayed in Mississip - pi       a     day too long.

| C  C/D  C/E   Fsus2  | F/G  C                  |

C                                Csus4   C                   Csus4
Well my ship's been split to splinters and it's sinking fast
C                      Csus4            C               F
I'm drowning in the poison, got no future, got no past
C                     Csus4  C                 Csus4
But my heart is not weary, it's light and it's free
C         C/D          C/E        Fsus2                   F/G        C
I've got nothin' but affection for all those who've sailed with me
C             Csus4   C                        Csus4
Everybody movin' if they ain't already there
C             Csus4         C       F
Everybody got to move some - where
C                 F     C                   F
Stick with me baby, stick with me any - how
C                C/D          C/E        Fsus2  F/G          C
Things should start to get interest - ing      right about now.
```

Chorus 3

```
G5                 G5/A  G5/B        G5/C
My clothes are wet,  tight on my skin
G5/D               G5/E         F              G5
Not as tight as the corner that I painted myself in
              G5/A       G5/B          G5/C
I know that fortune is waiting to be kind
G5/D              G5/E      F          G5
So give me your hand and say you'll be mine.
```

Verse 4

```
C                        Csus4   C             Csus4
Well, the emptiness is endless, cold as the clay
C                  Csus4                  C                          F
You can always come back, but you can't come back all the way
C          F      C     F
Only one thing I did wrong
C           C/D          C/E  Fsus2  F/G     C
Stayed in Mississip - pi       a     day too long.
```

Outro

```
| C  C/D  C/E   Fsus2  | F/G  C                  ||
```

Positively 4th Street

Words & Music by Bob Dylan

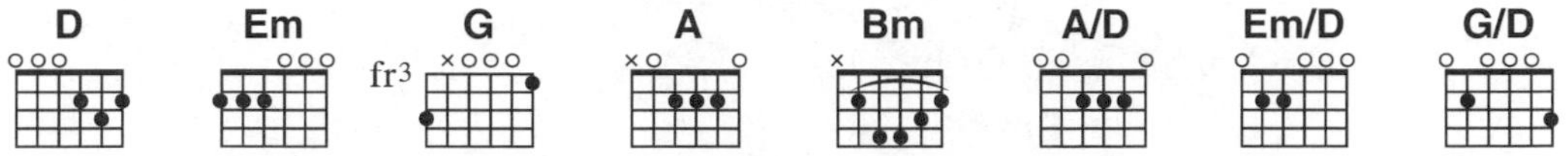

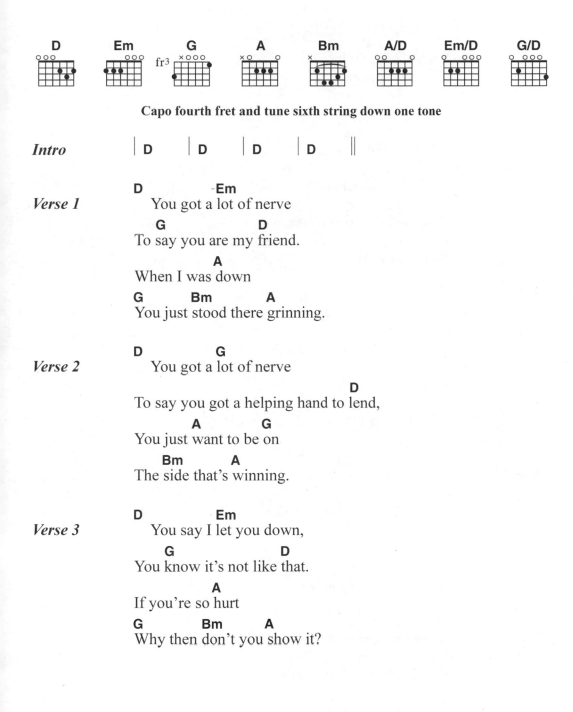

Capo fourth fret and tune sixth string down one tone

```
Intro      | D      | D      | D      | D      ||

           D              Em
Verse 1       You got a lot of nerve
              G                   D
           To say you are my friend.
                          A
           When I was down
           G          Bm         A
           You just stood there grinning.

           D              G
Verse 2       You got a lot of nerve
                                              D
           To say you got a helping hand to lend,
                       A          G
           You just want to be on
                Bm         A
           The side that's winning.

           D              Em
Verse 3       You say I let you down,
                G                 D
           You know it's not like that.
                          A
           If you're so hurt
           G            Bm         A
           Why then don't you show it?
```

```
           D           Em
Verse 4       You say you've lost your faith
               G                  D
           But that's not where it's at,
                       A
           You have no faith to lose
           G          Bm         A
              And you know it.

           D             Em
Verse 5       I know the reason
                   G                D
           That you talk behind my back:
                   A    G        Bm
           I used to be among the crowd
                  A
           You're in with.

           D                      Em
Verse 6       Do you take me for such a fool
           G                     D
              To think I'd make contact
                                   A
           With the one who tries to hide
                   G     Bm        A          A/D
           What he don't know to begin with?

           D              Em
Verse 7       You see me on the street,
           G                    D
              You always act surprised.
                                A             G
           You say, "How are you?... Good luck,"
               Bm        A        A/D
           But you don't mean it.

                     D                  Em
Verse 8    When you know as well as me
                         G            D
           You'd rather see me paralyzed.
                     A       G          Bm
           Why don't you just come out once
               A         A/D
           And  scream it?
```

```
             D                    Em
Verse 9         No, I do not feel that good
                                  G                      D
             When I see the heartbreaks you embrace,
                          A        G
             If I was a master thief
                 Bm        A              A/D
             Perhaps I'd rob them.

                   D                           Em
Verse 10     And though I know you're dissatisfied
                               G                  D
             With your position and your place,
                           A      G
             Don't you understand
                 Bm       A            A/D
             It's not my problem.

             D                     Em
Verse 11        I wish that for just one time
                            G                  D
             You could stand inside my shoes,
                              A            G
             And just for that one moment
             Bm       A          A/D
             I could be you.

                D                     Em
Verse 12     Yes, I wish that for just one time
                            G                  D
             You could stand inside my shoes.
                              A        G        Bm
             You'd know what a drag it is
                A          A/D
             To see you.

Coda         ||: D         | Em/D     | G/D      | D        |
             | D    A      | G   Bm   | A        | A/D    :||
                                              Repeat and fade
```

On A Night Like This

Words & Music by Bob Dylan

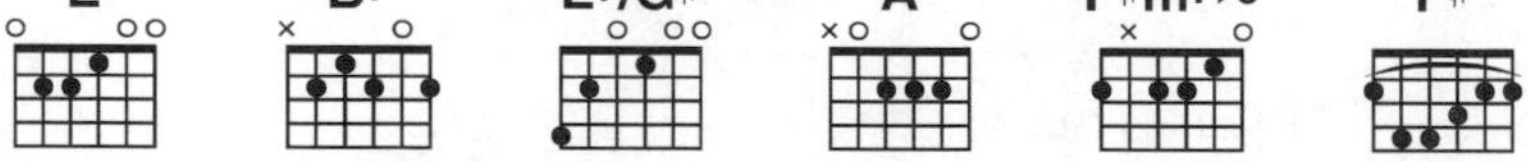

Capo first fret

Verse 1

N.C.　　　　　E
On a night like this,
　　　　B7
So glad you came around.

Hold on to me so tight
　　　　　　　　　　E
And heat up some coffee grounds.
　　　　　　　　E7/G♯
We got much to talk about
　　A　　　　　　　F♯m7♭5
And much to reminisce,
　　　　　E
It sure is right
B7　　　　　　E
　On a night like this.

Verse 2

N.C.　　　　　E
On a night like this,
　　　　　　　　B7
So glad you've come to stay.

Hold on to me, pretty miss
　　　　　　　　　　　　　　E
And say you'll never go a - way to stay.
　　　　　　　　　E7/G♯
Run your fingers down my spine
　　　　　　A　　　　　F♯m7♭5
And bring me a touch of bliss.
　　　　　　　E
It sure feels right
B7　　　　　　E
　On a night like this.

Verse 3

```
N.C.              E
On a night like this,
              B7
I can't get any sleep.

The air is so cold outside
          E
And the snow's so deep.
                 E7/G#
Build a fire, throw on logs
      A               F#m7b5
And listen to it hiss.
              E                     B7
And let it burn, burn, burn, burn
                  E
On a night like this.
```

Bridge

```
A
Put your body next to mine
      E
And   keep me company,
F#
There is plenty a-room for all,
   B7
So   please don't elbow me.
```

Verse 4

```
N.C.                   E
Let the four winds blow
                      B7
Around this old cabin door,

If I'm not too far off
                      E
I think we did this once before.
                                  E7/G#
There's more frost on the window glass
      A                   F#m7b5
With each new tender kiss,
                      E
But it sure feels right
B7                    E
   On a night like this.
```

Instrumental

|: E | E | B7 | B7 | B7 | B7 | E | E |

| E | E7/G# | A | F#m7b5 | E | B7 | E | E :|

Repeat to fade

Not Dark Yet

Words & Music by Bob Dylan

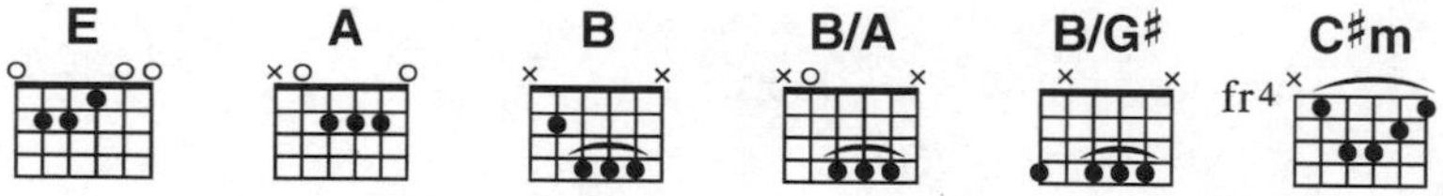

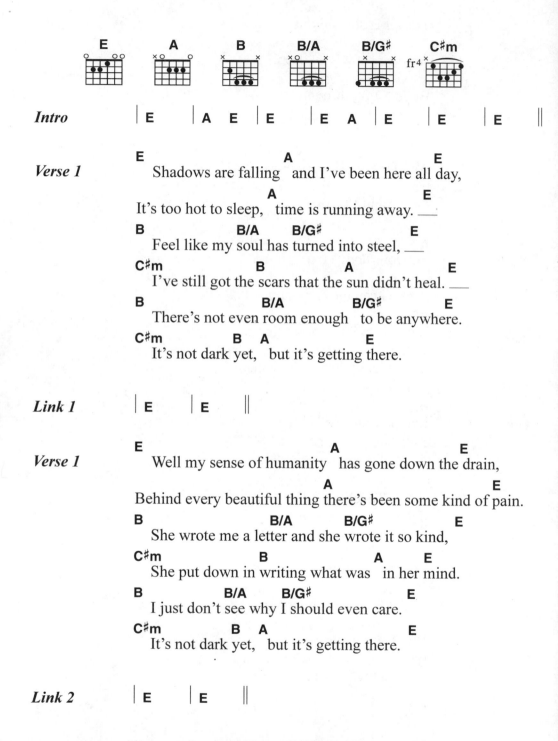

Intro | E | A E | E | E A | E | E | E ||

Verse 1

```
E                                  A                          E
    Shadows are falling   and I've been here all day,
                            A                             E
It's too hot to sleep,   time is running away. __
B                        B/A         B/G♯               E
    Feel like my soul has turned into steel, __
C♯m                           B                    A                      E
    I've still got the scars that the sun didn't heal. __
B                                 B/A                  B/G♯              E
    There's not even room enough   to be anywhere.
C♯m                      B    A                    E
    It's not dark yet,   but it's getting there.
```

Link 1 | E | E ||

Verse 1

```
E                                                   A                     E
    Well my sense of humanity   has gone down the drain,
                                                     A                          E
Behind every beautiful thing there's been some kind of pain.
B                                     B/A               B/G♯               E
    She wrote me a letter and she wrote it so kind,
C♯m                             B                             A          E
    She put down in writing what was   in her mind.
B                        B/A         B/G♯               E
    I just don't see why I should even care.
C♯m                      B    A                        E
    It's not dark yet,   but it's getting there.
```

Link 2 | E | E ||

Verse 3

```
E                          A                  E
  Well, I've been to London  and I've been to gay  Paree,
                     A              E
I've followed the river  and I got to the sea.
B                         B/A          B/G#           E
  I've been down on the bottom of a world full of lies,
C#m                 B      A              E
  I ain't looking for nothing  in anyone's eyes,
B                 B/A       B/G#              E
  Sometimes my burden is more than I can bear.
C#m              B   A                 E
  It's not dark yet,  but it's getting there.
```

Link 3

```
| E        | A   E   | E        | E   A   | E        |
| B   B/A  | B/G# E  | E  C#m   | B   A   | E        |
| B   B/A  | B/G# E  | E  C#m   | B   A   | E        | E        ||
```

Verse 4

```
E                                  A                E
  I was born here and I'll die here  against my will, ___
                                 A               E
I know it looks like I'm moving,  but I'm standing  still.
B                     B/A          B/G#          E
  Every nerve in my body is so ___ vacant and numb,
        C#m                         B                    A                E
I can't even remember what it was I came here to  get away from.
B               B/A    B/G#            E
  Don't even hear a murmur of a prayer.
C#m              B   A           E
  It's not dark yet,  but it's getting there.
```

Coda

```
| E        | E        | A   E   | E        | E   A   | E        |
| B   B/A  | B/G# E   | E  C#m  | B   A    | E        |
| B   B/A  | B/G# E   | E  C#m  | B   A    | E        ||
```

Quinn The Eskimo (The Mighty Quinn)

Words & Music by Bob Dylan

C F G G/B F/A C^7 F^7

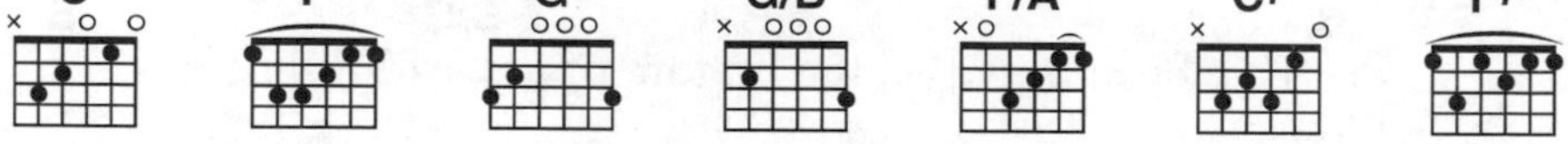

Tune guitar down a semitone

Intro | C | F C ||

Chorus 1

C G C
Come all without, come all with - in
G/B F/A C
You'll not see nothing like the Mighty Quinn
C G C
Come all without, come all with - in
G/B F/A C
You'll not see nothing like the Mighty Quinn.

| C^7 F^7 | C^7 F^7 ||

Verse 1

C^7 F^7 C^7 F^7
Everybody's building ships and boats
C^7 F^7
Some are building monuments, others are jotting down notes
C^7 F^7 C^7 F^7
Everybody's in despair, every girl and boy
C G/B
But when Quinn the Eskimo gets here
F/A C
Every - body's gonna jump for joy.

Chorus 2

C G C
Come all without, come all with - in
G/B F/A C
You'll not see nothing like the Mighty Quinn
C G C
Come all without, come all with - in
G/B F/A C
You'll not see nothing like the Mighty Quinn.

| C^7 F^7 | C^7 F^7 ||

Verse 2

```
  C7                F7                C7                F7
I like to go just like the rest, I like my sugar sweet
    C7                        F7                     C7                F7
But jumping queues and making haste, just ain't my cup of meat
C7                  F7                      C7              F7
Everyone's be - neath the trees, feeding pigeons on a limb
           C                   G/B
But when Quinn the Eskimo gets here
         F/A                    C
All the pigeons gonna run to him.
```

Chorus 3

```
C                    G                 C
Come all without, come all with - in
                  G/B             F/A    C
You'll not see nothing like the Mighty Quinn
C                    G                 C
Come all without, come all with - in
                  G/B             F/A    C
You'll not see nothing like the Mighty Quinn.
```

Verse 3

```
C7                      F7            C7             F7
Let me do what I wanna do, I can't decide 'em all
    C7                     F7                C7                F7
Just tell me where to put 'em and I'll tell you who to call
C7               F7                      C7                          F7
Nobody can get no sleep, there's someone on everyone's toes
           C                   G/B
But when Quinn the Eskimo gets here
        F/A                     C
Every - body's gonna wanna doze.
```

```
   C                     G                 C
|: Come all without, come all with - in
                  G/B             F/A    C
You'll not see nothing like the Mighty Quinn. :|
```
Repeat to fade

Rainy Day Women #12 & 35

Words & Music by Bob Dylan

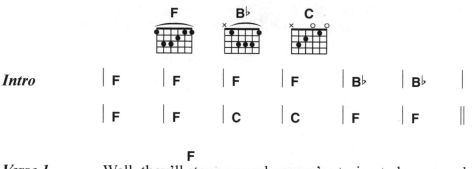

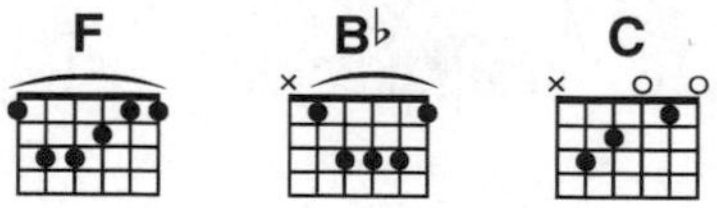

Intro | F | F | F | F | B♭ | B♭ |

| F | F | C | C | F | F ||

Verse 1
F
Well, they'll stone you when you're trying to be so good,
They'll stone you just like they said they would.
B♭
They'll stone you when you're trying to go home
F
Then they'll stone you when you're there all alone.
C
But I would not feel so all alone,
F
Everybody must get stoned.

Verse 2
F
Well, they'll stone you when you're walking 'long the street.
They'll stone you when you're trying to keep your seat.
B♭
They'll stone you when you're walking on the floor
F
They'll stone you when you're walking to the door.
C
But I would not feel so all alone,
F
Everybody must get stoned.

Verse 3
F
Well, they'll stone you when you're at the breakfast table.
They'll stone you when you are young and able.

cont.

B♭
They'll stone you when you're trying to make a buck.
F
They'll stone you and then they'll say, "good luck."
C
Tell ya what, I would not feel so all alone,
F
Everybody must get stoned.

Link 1

As Intro

Verse 4

F
Well, they'll stone you and say that it's the end.

Then they'll stone you and then they'll come back again.
B♭
They'll stone you when you're riding in your car.
F
They'll stone you when you're playing your guitar.
C
Yes, but I would not feel so all alone,
F
Everybody must get stoned, alright!

Link 2

As Intro

Verse 5

F
Well, they'll stone you when you are all alone.

They'll stone you when you are walking home.
B♭
They'll stone you and then say you are brave.
F
They'll stone you when you are set down in your grave.
C
But I would not feel so all alone,
F
Everybody must get stoned.

Coda

| F | F | F | F |

| B♭ | B♭ | F | F || *To fade*

Sad-Eyed Lady Of The Lowlands

Words & Music by Bob Dylan

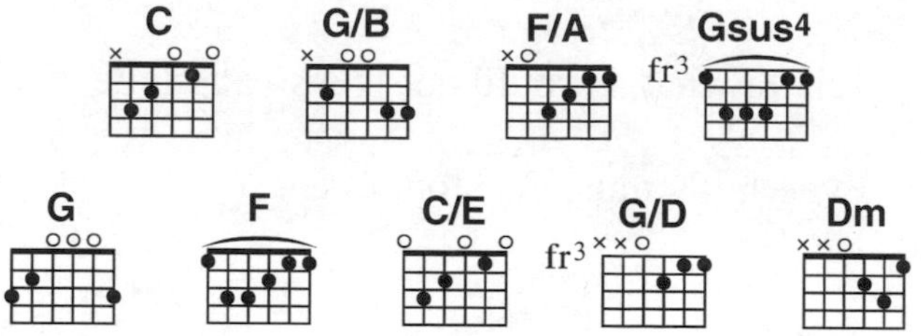

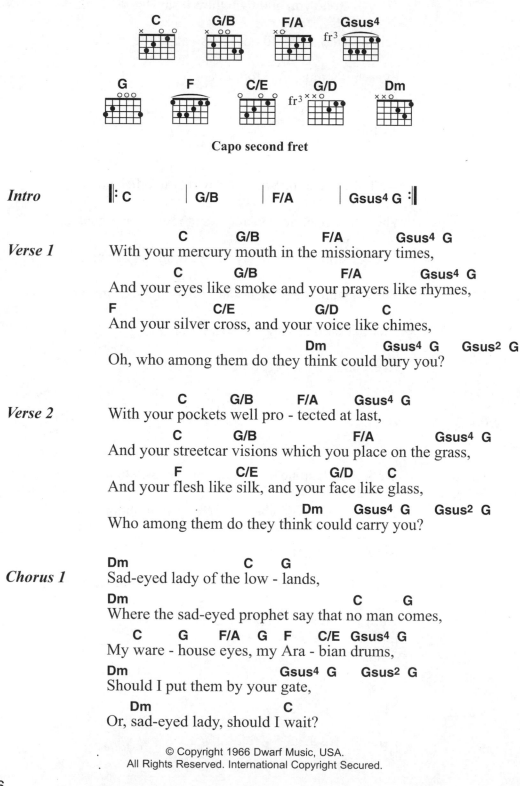

Capo second fret

Intro ‖: C | G/B | F/A | Gsus4 G :‖

Verse 1

C G/B F/A Gsus4 G
With your mercury mouth in the missionary times,
C G/B F/A Gsus4 G
And your eyes like smoke and your prayers like rhymes,
F C/E G/D C
And your silver cross, and your voice like chimes,
Dm Gsus4 G Gsus2 G
Oh, who among them do they think could bury you?

Verse 2

C G/B F/A Gsus4 G
With your pockets well pro - tected at last,
C G/B F/A Gsus4 G
And your streetcar visions which you place on the grass,
F C/E G/D C
And your flesh like silk, and your face like glass,
Dm Gsus4 G Gsus2 G
Who among them do they think could carry you?

Chorus 1

Dm C G
Sad-eyed lady of the low - lands,
Dm C G
Where the sad-eyed prophet say that no man comes,
C G F/A G F C/E Gsus4 G
My ware - house eyes, my Ara - bian drums,
Dm Gsus4 G Gsus2 G
Should I put them by your gate,
Dm C
Or, sad-eyed lady, should I wait?

Verse 3

G/B F/A Gsus4 G
With your sheets like metal and your belt like lace,
C G/B F/A Gsus4 G
And your deck of cards missing the jack and the ace,
F C/E G/D C
And your basement clothes and your hollow face,
Dm Gsus4 G Gsus2 G
Who among them did think he could out - guess you?
C G/B F/A Gsus4 G
With your silhou - ette___ when the sunlight dims
C G/B F/A Gsus4 G
Into your eyes where the moonlight swims,
F C/E G/D C
And your match-book songs and your gypsy hymns,
Dm Gsus4 G Gsus2 G
Who among them would try to impress you?

Chorus 2

Dm C G
Sad-eyed lady of the low - lands,
Dm C G
Where the sad-eyed prophets say that no man comes.
C G F/A G F C/E Gsus4 G
My ware - house eyes, my Ara - bian drums
Dm Gsus4 G Gsus2 G
Should I leave them by your gate,
Dm C
Or, sad-eyed lady, should I wait?

Verse 4

C G/B F/A Gsus4 G
The kings of Tyrus with their convict list
C G/B F/A Gsus4 G
Are waiting in line for their geranium kiss,
F C/E G/D C
And you wouldn't know it would happen like this,
Dm Gsus4 G Gsus2 G
But who among them really wants just to kiss you?
C G/B F/A Gsus4 G
With your childhood flames on your midnight rug,
C G/B F/A Gsus4 G
And your Spanish manners and your mother's drugs,
F C/E G/D C
And your cowboy mouth and your curfew plugs,
Dm Gsus4 G Gsus2 G
Who among them do you think could resist you?

Chorus 3

Dm C G
Sad-eyed lady of the low - lands,

Dm C G
Where the sad-eyed prophets say that no man comes.

C G F/A G F C/E Gsus4 G
My ware - house eyes, my Ara - bian drums

Dm Gsus4 G Gsus2 G
Should I leave them by your gate,

Dm C
Or, sad-eyed lady, should I wait?

Verse 5

C G/B F/A Gsus4 G
Oh, the farmers and the businessmen, they all did de - cide

C G/B F/A Gsus4 G
To show you where the dead angels, ah, that they used to hide.

F C/E G/D C
But why did they pick you to sympathize with their side?

Dm Gsus4 G Gsus2 G
Oh, how could they ever mis - take you?

C G/B F/A Gsus4 G
They wished you'd accepted the blame for the farm,

C G/B F/A Gsus4 G
But with the sea at your feet and the phony false a - larm,

F C/E G/D C
And with the child of the hoodlum wrapped up in your arms,

Dm Gsus4 G Gsus2 G
How could they ever, ever per - suaded you?

Chorus 4

Dm C G
Sad-eyed lady of the low - lands,

Dm C G
Where the sad-eyed prophets say that no man comes.

C G F/A G F C/E Gsus4 G
My ware - house eyes, my Ara - bian drums

Dm Gsus4 G Gsus2 G
Should I leave them by your gate,

Dm C
Or, sad-eyed lady, should I wait?

Verse 6

```
C                    G/B       F/A     Gsus4  G
With your sheet-metal memory of Cannery Row,

         C        G/B          F/A               Gsus4  G
And your magazine-husband who one day just had to go,

         F         C/E  G/D                        C
And your gentleness now, which you just can't help but show,

                        Dm          Gsus4  G   Gsus2  G
Who among them do you think would employ you?

C                       G/B           F/A     Gsus4  G
Now you stand with your thief, you're on his pa - role

         C         G/B                 F/A       Gsus4  G
With your holy me - dallion which your fingertips fold,

         F       C/E         G/D      C
And your saintlike face and your ghostlike soul,

               Dm          Dm          Gsus4  G    Gsus2  G
Oh, who among them do you think could destroy you?
```

Chorus 5

```
Dm                 C    G
Sad-eyed lady of the low - lands,

Dm                                 C      G
Where the sad-eyed prophets say that no man comes.

   C     G     F/A  G   F   C/E  Gsus4  G
My ware - house eyes, my Ara - bian drums

Dm                         Gsus4  G    Gsus2  G
Should I leave them by your gate?

   Dm                    C
Or, sad-eyed lady, should I wait?
```

Outro

```
|: C        | G/B      | F/A      | Gsus4  G  |
|  C        | G/B      | F/A      | Gsus4  G  |
|  F        | C/E      | G/D      | C         |
|  C        | Dm       | Gsus4  G | Gsus2  G :|
```

Repeat to fade

Sara

Words & Music by Bob Dylan

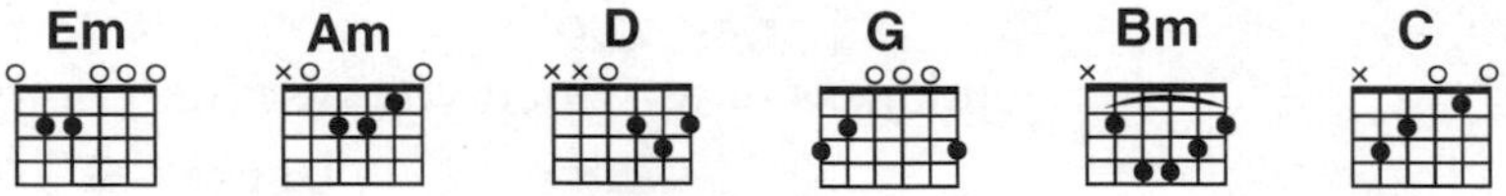


```
Intro        |: Em     | Am     | D      | Em      :|

             |: G  Bm  | C      | D      | C  Em   :|
```

```
                 Em               Am
Verse 1      I laid on a dune, I looked at the sky,
                            D
             When the children were babies
                   Em
             And played on the beach.
                                         Am
             You came up behind me, I saw you go by,
                           D
             You were always so close
                   Em
             And still within reach.
```

```
             G  Bm C
Chorus 1     Sara,  Sara,
             D                               C            Em
             Whatever made you want to change your mind?
             G Bm C
             Sara,  Sara,
               D                      C       Em
             So easy to look at, so hard to define.
```

```
                   Em                               Am
Verse 2      I can still see them playin', with their pails in the sand,
                      D                     Em
             They run to the water, their buckets to fill.
                                                 Am
             I can still see the shells, fallin' out of their hands
                         C                 Em
             As they follow each other, back up the hill.
```

Chorus 2

```
G  Bm C
Sara,  Sara,
D                           C        Em
Sweet virgin angel, sweet love of my life,
G  Bm C
Sara,  Sara,
  D          C          Em
Radiant jewel, mystical wife.
```

Verse 3

```
Em                            Am
Sleepin' in the woods, by a fire at night,
C                            Em
Drinkin' white rum, in a Portugal bar.

Them playin' leap-frog,
       Am
And hearin' about Snow White,
D
You in the market place
    Em
In Savanna-la-mar.
```

Chorus 3

```
G  Bm C
Sara,  Sara,
     D                     C      Em
It's all so clear, I could never forget,
G  Bm C
Sara,  Sara,
D                                C      Em
Lovin' you is the one thing I'll never regret.
```

Verse 4

```
       Em                                 Am
I can still hear those sounds, of the Methodist bells,
      D                       Em
I'd taken the cure and had just gotten through.
                               Am
Stayin' up for days, in the Chelsea Hotel,
           D                           Em
Writin' "Sad-Eyed Lady of the Lowlands" for you.
```

Chorus 4

```
G  Bm C
Sara,  Sara,
   D                      C       Em
Wherever we travel we're never apart.
G  Bm   C
Sara, oh Sara,
D                C             Em
Beautiful lady, so dear to my heart.
```

Verse 5

```
Em                       Am
How did I meet you, I don't know.
  D                          Em
A messenger sent me, in a tropical storm.
                                       Am
You were there in the winter, moonlight on the snow
        D                               Em
And on Lily Pond Lane, when the weather was warm.
```

Chorus 5

```
G Bm C
Sara,  Sara,
D                      C     Em
Scorpio Sphinx in a calico dress,
G Bm C
Sara,  Sara,
     D                 C        Em
You must forgive my unworthiness.
```

Verse 6

```
          Em                 Am
Now the beach is deserted, except for some kelp
       D                     Em
And a piece of old ship, that lies on the shore.
                                  Am
You always responded when I needed your help,
     D                   Em
You gimme a map, and a key to your door.
```

Chorus 6

```
G Bm C
Sara,  Sara,
D                             C            Em
Glamorous nymph with an arrow and bow.
G Bm C
Sara,  Sara,
D                      C        Em
Don't ever leave me, don't ever go.
```

Outro

```
||: Em     | Am     | D      | Em     :||
||: G  Bm  | C      | D      | C  Em  :||
```

Series Of Dreams

Words & Music by Bob Dylan

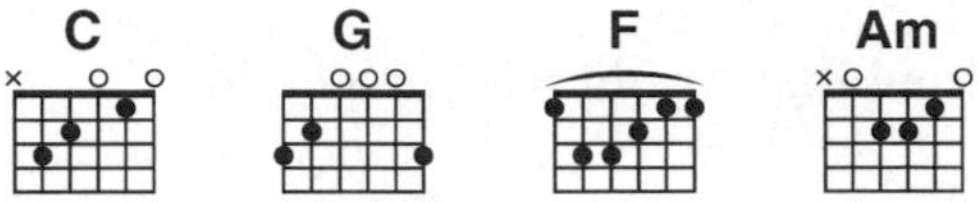

Intro 𝄆 C | C | C | C 𝄇 *Play 3 times*

Verse 1

```
      C        G              C
I was thinking   of a series of dreams
                 G             C
Where nothing   comes up to the top,
             G                C
Everything   stays down where it's wounded
                           F
And comes to a permanent stop.
        C
Wasn't thinking of anything specific,
                                              F
Like in a dream when someone wakes up and screams.
    C
Nothing too very scientific,
             G             C
Just thinking   of a series of dreams.
```

Verse 2

```
C         G            C
Thinking   of a series of dreams
                 G            C
Where the time   and the tempo drag
                 G        C
And there's no exit   in any direction
                                            F
Except the one that you can't see with your eyes.
```

cont.

```
       C
Wasn't making any great connection,
                                      F
Wasn't falling for any intricate scheme,
   C
Nothing that would pass inspection
              G                C
Just thinking   of a series of dreams.
```

Bridge 1

```
Am             F                      C
Dreams where   the umbrella is folded
Am    F                   C
Into     the path you are hurled
        Am        F                   C
And the cards are   no good that you're holding,
                            G
Unless they're from another world.
```

Verse 3

```
   C    G                 C
In one,   the surface was frozen,
           G                C
In another,  I witnessed a crime,
        G                             C
In one,   I was running, and in another
                             F
All I seemed to be doing was climb.
        C
Wasn't looking for any special assistance
                                 F
Not going to any great extremes.
        C
I'd already gone the distance
              G            C
Just thinking   of a series of dreams.
```

Bridge 2

```
Am             F                      C
Dreams where   the umbrella is folded
Am    F                   C
Into     the path you are hurled
        Am        F                   C
And the cards are   no good that you're holding,
                            G
Unless they're from another world.
```

Link 1 | C | G | C | C |

| C | C | F | F |

```
         C
I'd already gone the distance
                   G           C
Just thinking   of a series of dreams.
```

Link 2 | C | G | C | C |

```
                   G             C
Just thinking   of a series of dreams,
                   G             C
Just thinking   of a series of dreams.
```

Coda | C | C | F | F |

| C | C | C | C |

| C | C | F | F || *To fade*

She Belongs To Me

Words & Music by Bob Dylan

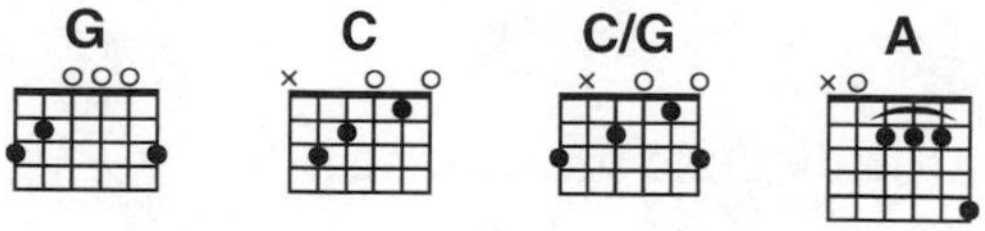

Capo second fret

Intro | G ||

Verse 1

```
                G
She's got everything she needs,
             C                   G       C/G   G
She's an artist, she don't look back.
              C
She's got everything she needs,
                                 G       C/G   G
She's an artist, she don't look back.
                         A
She can take the dark out of the night-time
      C                       G       C/G   G
And   paint the daytime black.
```

Verse 2

```
               G
You will start out standing,
C                                   G       C/G   G
Proud to steal her anything she sees.
               C
You will start out standing,
                                    G      C/G   G
Proud to steal her anything she sees.
                  A                                  C
But you will wind up peeking through her keyhole
                    G         C/G   G
Down upon your knees.
```

Verse 3

```
     G
She never stumbles,
       C                G     C/G   G
She's got no place to fall.
     C
She never stumbles,
                        G     C/G   G
She's got no place to fall.
        A
She's nobody's child,
     C                        G    C/G    G
The Law can't touch her at all.
```

Link

```
| G        | C        | G  C/G   | G        | C        | C        |
| G  C/G   | G        | A        | C        | G  C/G   | G        ||
```

Verse 4

```
               G
She wears an Egyptian ring,
   C                    G        C/G   G
It sparkles before she speaks.
                C
She wears an Egyptian ring
                        G        C/G   G
It sparkles before she speaks.
           A
She's a hypnotist collector,
      C                 G      C/G   G
You are a walking antique.
```

Verse 5

```
      G
Bow down to her on Sunday,
    C                           G       C/G   G
Salute her when her birthday comes.
      C
Bow down to her on Sunday,
                                G       C/G   G
Salute her when her birthday comes.
             A
For Halloween buy her a trumpet
          C                     G       C/G   G
And for Christmas, get her a drum.
```

Coda

```
| G        | C        | G  C/G   | G        || To fade
```

Shooting Star

Words & Music by Bob Dylan

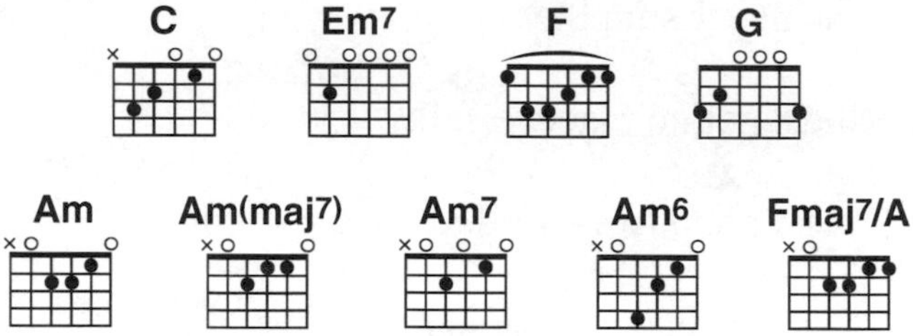

Capo fourth fret

Intro | C Em7 | F C | C Em7 | F |

| F G | C F | C Em7 | F C ||

Verse 1

```
           C                       Em7
Seen a shooting star tonight
F                    C
   And I thought of you.
                                      Em7
You were trying to break into another world,
  F
A world I never knew.
                                 G
I always kind of wondered
                C                 F
If you ever made it through.
           C                       Em7
Seen a shooting star tonight
           F                C
And I thought of you.
```

Link | C Em7 | F C ||

Verse 2

C Em7
Seen a shooting star tonight
F C
And I thought of me.

If I was still the same,
Em7 F
If I ever became what you wanted me to be.

G
Did I miss the mark, over-step the line
C F
That only you could see?
C
Seen a shooting star tonight
Em7 F C
And I thought of me.

Bridge

Am Am(maj7)
Listen to the engine, listen to the bell
Am7 Am6
As the last fire truck from hell
F G C
Goes rolling by, all good people are praying.
Am Am(maj7)
It's the last temptation, the last account,
Am7 Am6
Last time you might hear the sermon on the mount,
F Fmaj7/E
The last radio is playing.

Verse 3

C Em7
Seen a shooting star tonight
F C
Slip away,
Em7 F
Tomorrow will be another day.
G
Guess it's too late to say the things to you
C F
That you needed to hear me say.
C Em7
Seen a shooting star tonight
F C
Slip away.

Coda

| C Em7 | F C | C Em7 | F |

| F G | C F | C Em7 | F C ||

Precious Angel

Words & Music by Bob Dylan

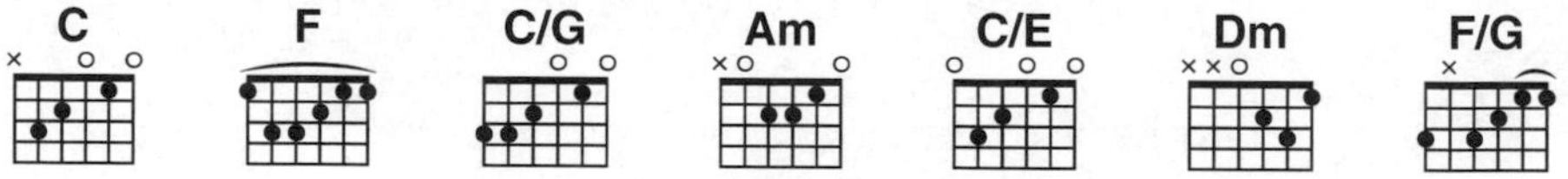

Capo third fret

Intro | C | F | C | F |
| C/G | F | Am | F ||

Verse 1
C   F C   F
  Precious an - gel,   under the sun,
C   F   Am   F
  How was I to know   you'd be the one
C/E   F   C/G   F
  To show me I was blinded,   to show me I was gone,
C   F   Am   F
  How weak was the foun - dation I was   standing upon?

Verse 2
C   F
Now there's spiritual warfare,
                    C   F
And flesh and blood breaking down.
C   F
  Ya either got faith or ya got unbelief
                   Am   F
And there ain't no neutral ground.
C/E   F   C/G   F
  The enemy is subtle,   how be it we are so de - ceived
C   F   Am   F
When the truth's in our hearts and we still don't believe?

```
             C/E          F     C/G                  F
Chorus 1       Shine your light,      shine your light on me,
             C/E          F     C/G                  F
                Shine your light,     shine your light on me
             C/E          F     C/G                  F
                 Shine your light,    shine your light on me.
                      Am                         C/G
             Ya know I just couldn't make it by my - self,
                 F        Dm     F/G
             I'm a little too blind to see.


Link 1       | C      | F      | C      | F      |

             | C/G    | F      | Am     | F      ||


             C               F          C               F
Verse 3         My so-called friends have fallen under a spell.
             C                          F              Am         F
                They look me squarely in the eye and they say, "All is well."
             C/E                    F        C/G                  F
                Can they imagine the darkness     that will fall from on high
                 C                 F                             Am      F
             When men will beg God to kill them and they won't be able to die?


             C           F           C                    F
Verse 4      Sister, let me tell you a - bout a vision that I saw.
                         C                        F
             You were drawing water for your husband,
                        Am                  F
             You were suffering under the law.
                        C/E                    F
             You were telling him about Buddha,
                        C/G                          F
             You were telling him about Mohammed in one breath.
                          C                     F
             You never mentioned one time the Man who came
                  Am                 F
             And died a criminal's death.


Chorus 2     As Chorus 1


Link 2       As Link 1
```

Verse 5

```
C                F  C                 F
 Precious an - gel,  you believe me when I say,
C                F                 Am              F
 What God has given to us no     man can take away.
C/E                        F
 We are covered in blood, girl,
C/G                                  F
 You know both our forefathers were slaves.
C                           F              Am           F
 Let us hope they've found mercy in their    bone-filled graves.
```

Verse 6

```
C                           F
 You're the queen of my flesh, girl,
            C                            F
You're my woman, you're my delight,
C                           F          Am               F
 You're the lamp of my soul, girl,     and you torch up the night.
C/E                             F            C/G                 F
 But there's violence in the eyes, girl, so let us not be enticed
         C                   F
On the way out of Egypt, through Ethiopia,
       Am                    F
To the judgment hall of Christ.
```

Chorus 3 As Chorus 1

Outro

```
 C/E           F     C/G                    F
||: Shine your light,     shine your light on me,
C/E           F     C/G                    F
 Shine your light,     shine your light on me. :|| Repeat to fade
```

Simple Twist Of Fate

Words & Music by Bob Dylan

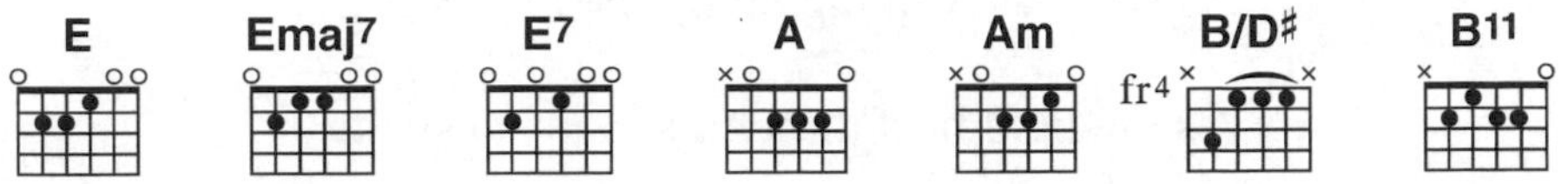

Intro

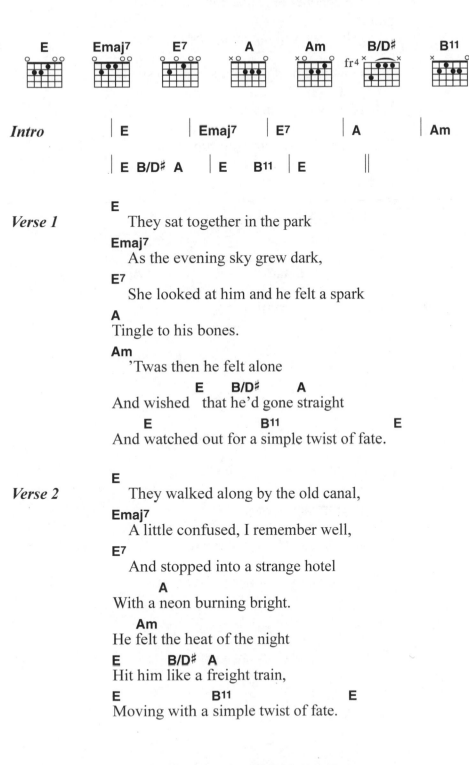

| E | Emaj7 | E7 | A | Am |
| E B/D♯ A | E B11 | E ||

Verse 1

E
They sat together in the park
Emaj7
As the evening sky grew dark,
E7
She looked at him and he felt a spark
A
Tingle to his bones.
Am
'Twas then he felt alone
E B/D♯ A
And wished that he'd gone straight
E B11 E
And watched out for a simple twist of fate.

Verse 2

E
They walked along by the old canal,
Emaj7
A little confused, I remember well,
E7
And stopped into a strange hotel
A
With a neon burning bright.
Am
He felt the heat of the night
E B/D♯ A
Hit him like a freight train,
E B11 E
Moving with a simple twist of fate.

```
              E
*Verse 3*         A saxophone some place far off played
              Emaj7
                  As she was walking on by the arcade,
              E7
                  As the light bust through a beat-up shade
                    A
              Where he was waking up.
                               Am
              She dropped a coin into the cup
                   E          B/D#  A
              Of a blind man at the gate
              E                     B11                   E
                  And forgot about a simple twist of fate.
```

Solo	E	Emaj7	E7	A
	Am	E B/D# A	E B11	E ‖

```
              E
*Verse 4*         He woke up, the room was bare,
              Emaj7
                  He didn't see her anywhere,
              E7
                  He told himself he didn't care,
                          A
              Pushed the window open wide,
                      Am
              Felt an emptiness inside
                          E         B/D#  A
              To which he just could not relate
              E                  B11                  E
                  Brought on by a simple twist of fate.
```

Verse 5

```
E
   He hears the ticking of the clocks
Emaj7
   And walks along with a parrot that talks,
E7
   Hunts her down by the waterfront docks
             A
Where the sailors all come in.
          Am
Maybe she'll pick him out again
      E    B/D#    A
How long must he wait
E                        B11                E
One more time for a simple twist of fate?
```

Verse 6

```
E
   People tell me it's a sin
Emaj7
   To know and feel too much within.
E7
    I still believe she was my twin
A
But I lost the ring.
Am
She was born in Spring
     E     B/D#    A
But I was born too late,
E                   B11                E
   Blame it on a simple twist of fate.
```

Coda

```
| E        | Emaj7      | E7        | A        |
| Am       | E B/D# A   | E   B11   | E        ||
```

Silvio

Words & Music by Bob Dylan & Robert Hunter

Intro | G | G | G | G ||

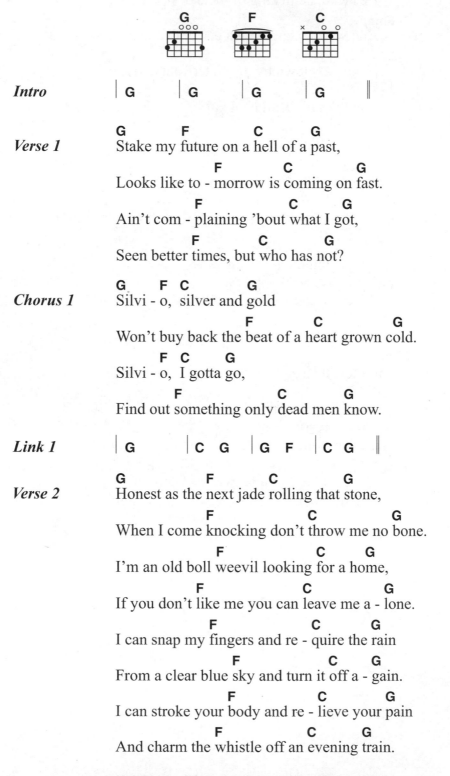

Verse 1
G F C G
Stake my future on a hell of a past,
F C G
Looks like to - morrow is coming on fast.
F C G
Ain't com - plaining 'bout what I got,
F C G
Seen better times, but who has not?

Chorus 1
G F C G
Silvi - o, silver and gold
F C G
Won't buy back the beat of a heart grown cold.
F C G
Silvi - o, I gotta go,
F C G
Find out something only dead men know.

Link 1 | G | C G | G F | C G ||

Verse 2
G F C G
Honest as the next jade rolling that stone,
F C G
When I come knocking don't throw me no bone.
F C G
I'm an old boll weevil looking for a home,
F C G
If you don't like me you can leave me a - lone.
F C G
I can snap my fingers and re - quire the rain
F C G
From a clear blue sky and turn it off a - gain.
F C G
I can stroke your body and re - lieve your pain
F C G
And charm the whistle off an evening train.

Chorus 2 As Chorus 1

Link 2 ‖: G F | C G | G F | C G :‖

Verse 3

```
G                F          C          G
I give what I got until I got no more,
                 F          C            G
I take what I get until I even the score.
               F              C         G
You know I love you and further - more,
                       F               C       G
When it's time to go you got an open door.
                  F            C          G
I can tell you fancy, I can tell you plain,
                           F           C               G
You give something up for every - thing you gain.
               F                C         G
Since every pleasure's got an edge of pain,
                 F          C            G
Pay for your ticket and don't com - plain.
```

Chorus 3 As Chorus 1

Link 3 ‖: G F | C G | G F | C G :‖

Verse 4

```
G                F            C          G
One of these days and it won't be long,
                         F          C         G
Going down in the valley and sing my song.
                  F           C         G
Gonna sing it loud and sing it strong,
                      F             C              G
Let the echo de - cide if I was right or wrong.
```

Chorus 4

```
  G       F C          G
‖: Silvi - o,  silver and gold
                             F           C            G
Won't buy back the beat of a heart grown cold.
             F C     G
Silvi - o,  I gotta go,
             F                C          G
Find out something only dead men know. :‖  Play 3 times
```

Outro | G F | C G | G F | C G ‖ *To fade*

Stuck Inside Of Mobile With The Memphis Blues Again

Words & Music by Bob Dylan

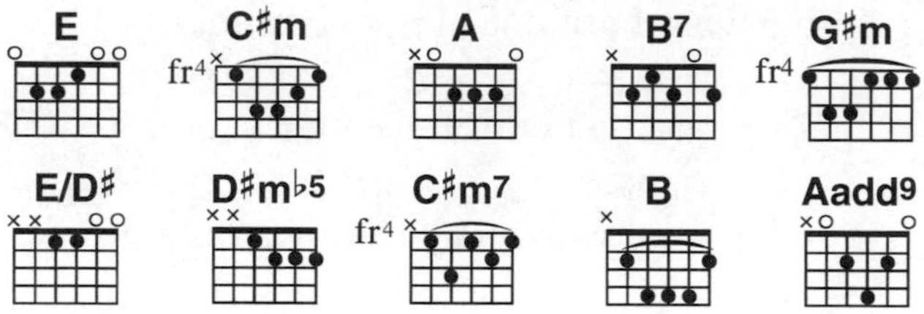

Intro | E | E | E | E ||

Verse 1

E C♯m
Oh, the ragman draws circles
E C♯m
Up and down the block.
E C♯m
I'd ask him what the matter was
A B7
But I know that he don't talk.
A E
And the ladies treat me kindly
C♯m E
And furnish me with tape.
C♯m E
But deep inside my heart
A E
I know I can't escape.

Chorus 1

G♯m
Oh, mama, can this really be the end,
E E/D♯ C♯m B
To be stuck inside of Mobile
A B7 E
With the Memphis blues again.

Verse 2

E C♯m
Well, Shakespeare, he's in the alley
E C♯m
With his pointed shoes and his bells,
E C♯m
Speaking to French girl,
A B7
Who says she knows me well.

Cont.

```
   A                  E
And I would send a message
  C#m               E
To find out if she's talked.
       C#m                  E
But the post office has been stolen
       A                    E
And the mailbox box locked.
```

Chorus 2

```
G#m
Oh, mama, can this really be the end,
        E    E/D#     C#m B
To be stuck inside of Mobile
            A         B7     E
With the Memphis blues again.
```

Verse 3

```
E               C#m
Mona tried to tell me
    E                         C#m
To stay away from the train line.
     E                      C#m
She said that all the railroad men
   A                        B7
Just drink up your blood like wine.
              A        E
An' I said, "Oh, I didn't know that,
          C#m                            E
But then again, there's only one I've ever met
C#m                 E
An' he just smoked my eyelids,
A                   E
An' punched my cigarette."
```

Chorus 3

```
G#m
Oh, mama, can this really be the end,
        E    E/D#     C#m B
To be stuck inside of Mobile
            A         B7     E
With the Memphis blues again.
```

```
           E                         C#m
Verse 4    Grandpa died last week
           E                                   C#m
           And now he's buried in the rocks,
           E                    C#m
           But every one still talks about
                  A                               B7
           How badly they were shocked.
                A                         E
           But me, I expected it to happen,
             C#m                         E
           I knew he'd lost control
                      C#m                   E
           When he build a fire on the main street
                  A                       E
           And shot it full of holes.

           G#m
Chorus 4   Oh, mama, can this really be the end,
                   E     E/D#      C#m B
           To be stuck inside of Mobile
                      A         B7    E
           With the Memphis blues again.

           E                              C#m
Verse 5    Now the senator came down here
                     E              C#m
           Showing ev'ryone his gun,
           A                  C#m
           Handing out free tickets
                   A                  B7
           To the wedding of his son.
                A                 E
           An' me, I nearly got busted
               C#m                  E
           An' wouldn't it be my luck
                  C#m                   E
           To get caught without a ticket
                      A                          E
           And be discovered beneath a truck.
```

Chorus 5

```
G#m
Oh, mama, can this really be the end,
      E    E/D#     C#m B
To be stuck inside of Mobile
           A          B7   E
With the Memphis blues again.
```

Verse 6

```
E                                C#m
Now the preacher looked so baffled
         E                     C#m
When I asked him why he dressed
      E                C#m
With twenty pounds of headlines
A              B7
Stapled to his chest.
         A                      E
But he cursed me when I proved it to him,
         C#m                              E
Then I whispered, "Not even you can hide.
      C#m               E
You see, you're just like me,
  A                E
I hope you're satisfied."
```

Chorus 6

```
G#m
Oh, mama, can this really be the end,
      E    E/D#     C#m B
To be stuck inside of Mobile
           A          B7   E
With the Memphis blues again.
```

```
        E                             C#m
Verse 7 Now the rainman gave me two cures,
                  E                 C#m
        Then he said, "Jump right in."
           E               C#m
        The one was Texas medicine,
           A                      B7
        The other was just railroad gin.
          A          E
        An' like a fool I mixed them
            C#m            E
        An' it strangled up my mind,
               C#m          E
        An' now people just get uglier
           A              E
        An' have no sense of time.

          G#m
Chorus 7  Oh, mama, can this really be the end,
             E   E/D#    C#m B
          To be stuck inside of Mobile
                 A      B7   E
          With the Memphis blues again.

        E                          C#m
Verse 8 When Ruthie says come to see her
           E                   C#m
        In her honky-tonk lagoon,
                  E                      C#m
        Where I can watch her waltz for free
        A                        B7
        'Neath her Panamanian moon.
        A                          E
        An' I say, "Aw come on now,
            C#m                         E
        You must know about my debutante."
                         C#m                            E
        An' she says, "Your debutante just knows what you need
           A                     E
        But I know what you want."
```

Chorus 8

G#m
Oh, mama, can this really be the end,
E E/D# C#m B
To be stuck inside of Mobile
A B7 E
With the Memphis blues again.

Verse 9

E C#m
Now the bricks lay on Grand Street
E C#m
Where the neon madmen climb.
E C#m
They all fall there so perfectly,
A B7
It all seems so well timed.
A E
And here I sit so patiently
C#m E
Waiting to find out what price
C#m E
You have to pay to get out of
A E
Going though all these things twice.

Chorus 9

G#m
Oh, mama, can this really be the end,
E E/D# C#m B
To be stuck inside of Mobile
A B7 E
With the Memphis blues again.

Outro

E	E	E	E
E D#m♭5	C#m7 B	A Aadd9	E

Subterranean Homesick Blues

Words & Music by Bob Dylan

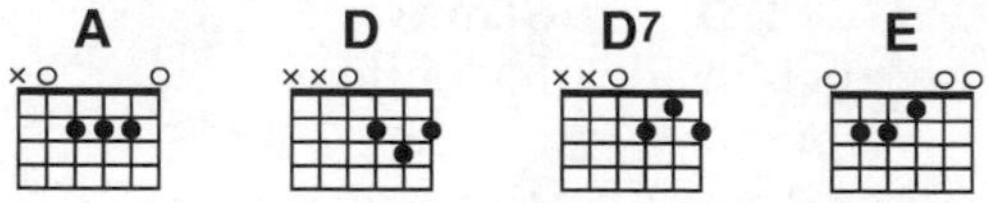

Intro | A | A | A D | A D | A D | A D ||

Verse 1

```
A                      D     A                     D
Johnny's in the basement mixing up the medicine,
A                D      A                         D
I'm on the pavement thinking about the government.
     A                   D      A                D
The man in the trench coat, badge out, laid off,
A                     D      A
Says he's got a bad cough, wants to get it paid off.
D7
Look out kid, it's something you did,
A                    D        A
God knows when but you're doing it again.
     D     A                    D
You better duck down the alley way
A                   D
Looking for a new friend.
     E
The man in the coon-skin cap in the big pen
         A                  D
Wants eleven dollar bills,
A
You only got ten.
```

Link 1 | A D | A D | A D | A D ||

```
             A                      D   A                  D
Verse 2      Maggie comes fleet-foot, face full of black soot,
             A                      D  A                 D
             Talking that the heat put plants in the bed, but
                 A                    D   A                       D
             The phone's tapped anyway. Maggie says that many say
                  A                   D   A
             They must bust in early May, orders from the D. A.
             D7
             Look out kid, don't matter what you did,
             A                  D    A         D
             Walk on your tip toes, don't tie no bows,
             A                       D        A
             Better stay away from those that carry around a fire hose.
             E
               Keep a clean nose, watch the plain clothes,
                 A                D
             You don't need a weather man
                A
             To know which way the wind blows.

Link 2       | A  D  | A  D  | A  D  | A  D  ||

             A              D   A                    D
Verse 3      Get sick, get well, hang around a ink well,
             A                   D   A                     D
             Ring bell, hard to tell if anything is going to sell.
             A              D       A            D
             Try hard, get barred, get back, write braille,
             A                  D  A
             Get jailed, jump bail, join the army if you fail.
             D7
             Look out kid, you're gonna get hit.
                A           D   A        D
             But losers, cheaters, six-time users
             A                       D
             Hanging around the theaters.
             E
             Girl by the whirlpool's looking for a new fool.
             A                D
             Don't follow leaders,
             A
             Watch your parking meters.

Link 3       | A  D  | A  D  | A  D  | A  D  ||
```

Verse 4

```
    A              D
Ah, get born, keep warm,
A             D    A
Short pants, romance, learn to dance.
    D       A                  D   A
Get dressed, get blessed, try to be a success,
     D  A               D
Please her, please him, buy gifts,
A
Don't steal, don't lift.

Twenty years of schooling
D         A
And they put you on the day shift.
D7
Look out kid, they keep it all hid,
     A               D   A               D
Better jump down a manhole, light yourself a candle,
A            D  A
Don't wear sandals, try to avoid the scandals,
E
   Don't wanna be a bum, you better chew gum.
    A            D
The pump don't work
        A
'Cause the vandals took the handles.
```

Coda ‖: A D | A D :‖ *Repeat to fade*

Things Have Changed

Words & Music by Bob Dylan

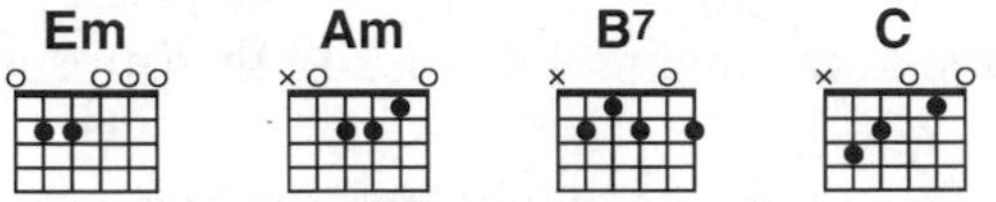

Capo third fret

Intro | Em | Em | Em | Em ||

Verse 1

```
Em
   A worried man with a worried mind,
Am
   No one in front of me and nothing behind.
          Em                                      B7
There's a woman on my lap and she's drinking champagne,
Em
   Got white skin, got assassin's eyes.
Am
   I'm looking up into the sapphire tinted skies,
   Em                          B7  Em
I'm well dressed, waiting on the last   train.
```

Pre-chorus 1

```
C                                B7        Em
Standing on the gallows with my head in a noose,
    C                                   B7
Any minute now I'm expecting all hell to break  loose.
```

Chorus 1

```
Em
People are crazy and times are strange,
    Am
I'm locked in tight, I'm out of range,
  Em           B7           Em
I used to care but things have changed.
```

Link 1 | Em | Em | Am | Am |
| Em | Em B7 | Em | Em ||

Verse 2

Em
This place ain't doing me any good,
Am
I'm in the wrong town, I should be in Hollywood.
Em B7
Just for a second there I thought I saw something move.
Em
Gonna take dancing lessons, do the jitterbug rag,
Am
Ain't no shortcuts, gonna dress in drag,
Em B7 Em
Only a fool in here would think he's got anything to prove.

Pre-chorus 2

C B7 Em
Lot of water under the bridge, lot of other stuff too,
C B7
Don't get up gentlemen, I'm only passing through.

Chorus 2

Em
People are crazy and times are strange,
Am
I'm locked in tight, I'm out of range,
Em B7 Em
I used to care but things have changed.

Link 2

Em	Em	Am	Am
Em	Em B7	Em	Em ‖

Verse 3

Em
I've been walking forty miles of bad road,
Am
If the Bible is right, the world will explode.
Em B7
I've been trying to get as far away from myself as I can.
Em
Some things are too hot to touch,
Am
The human mind can only stand so much,
Em B7 Em
You can't win with a losing hand.

Pre-chorus 3

C B7 Em
Feel like falling in love with the first woman I meet,
C B7
Putting her in a wheel barrow and wheeling her down the street.

Chorus 3

Em
People are crazy and times are strange,
  Am
I'm locked in tight, I'm out of range,
 Em   B7   Em
I used to care but things have changed.

Link 4

| Em | Em | Am | Am |
| Em | Em B7 | Em | Em ||

Verse 4

 Em
I hurt easy, I just don't show it,
        Am
You can hurt someone and not even know it.
   Em   B7
The next sixty seconds could be like an eternity,
       Em
Gonna get low down, gonna fly high,
      Am
All the truth in the world adds up to one big lie.
     Em   B7   Em
I'm in love with a woman who don't even appeal to me.

Pre-chorus 4

   C   B7   Em
Mr. Jinx and Miss Lucy, they jumped in the lake,
C   B7
  I'm not that eager to make a mistake.

Chorus 4

Em
People are crazy and times are strange,
  Am
I'm locked in tight, I'm out of range,
 Em   B7   Em
I used to care but things have changed.

Coda

| Em | Em | Am | Am |
| Em | Em B7 || *To fade*

Tangled Up In Blue

Words & Music by Bob Dylan

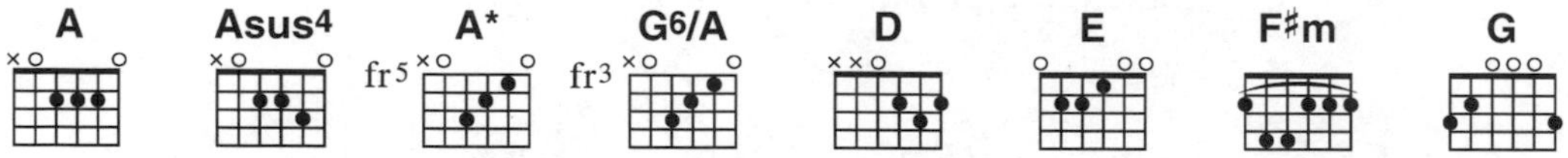

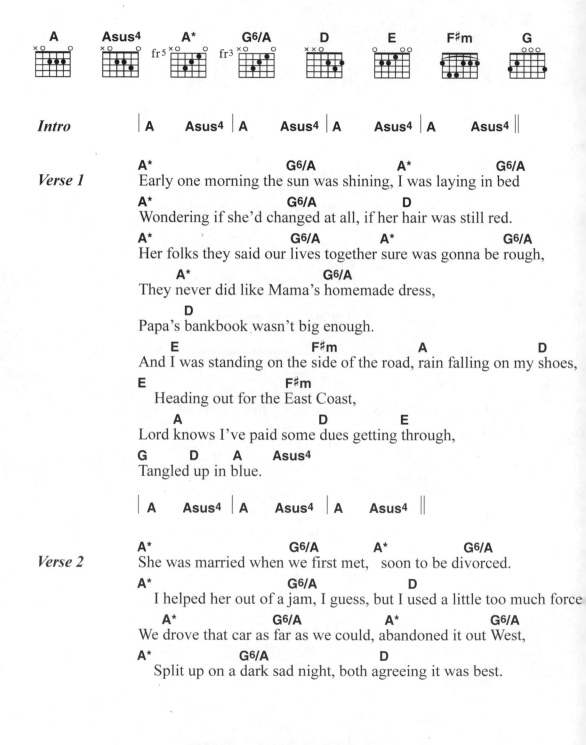

Intro | A Asus4 | A Asus4 | A Asus4 | A Asus4 ||

Verse 1

A* G6/A A* G6/A
Early one morning the sun was shining, I was laying in bed
A* G6/A D
Wondering if she'd changed at all, if her hair was still red.
A* G6/A A* G6/A
Her folks they said our lives together sure was gonna be rough,
A* G6/A
They never did like Mama's homemade dress,
D
Papa's bankbook wasn't big enough.
E F♯m A D
And I was standing on the side of the road, rain falling on my shoes,
E F♯m
Heading out for the East Coast,
A D E
Lord knows I've paid some dues getting through,
G D A Asus4
Tangled up in blue.

| A Asus4 | A Asus4 | A Asus4 ||

Verse 2

A* G6/A A* G6/A
She was married when we first met, soon to be divorced.
A* G6/A D
I helped her out of a jam, I guess, but I used a little too much force
A* G6/A A* G6/A
We drove that car as far as we could, abandoned it out West,
A* G6/A D
Split up on a dark sad night, both agreeing it was best.

cont.

E   F♯m   A   D
She turned around to look at me as I was walking away,
E   F♯m
I heard her say over my shoulder,
       A   D   E
We'll meet again someday on the avenue,
G   D   A   Asus4
Tangled up in blue.

| A   Asus4 | A   Asus4 | A   Asus4 ||

Verse 3

A*   G6/A   A*   G6/A
I had a job in the great north woods working as a cook for a spell,
     A*   G6/A   D
But I never did like it all that much and one day the axe just fell.
     A*   G6/A   A*   G6/A
So I drifted down to New Orleans where I happened to be employed
A*   G6/A   D
Working for a while on a fishing boat right outside of Delacroix.
E   F♯m   A   D
But all the while I was alone, the past was close behind,
E   F♯m   A   D   E
I seen a lot of women but she never escaped my mind, and I just grew
G   D   A   Asus4
Tangled up in blue.

| A   Asus4 | A   Asus4 | A   Asus4 ||

Verse 4

A*   G/6A   A*   G6/A
She was working in a topless place and I stopped in for a beer,
  A*   G6/A   D
I just kept looking at the side of her face in the spotlight so clear.
     A*   G6/A
And later on when the crowd thinned out
   A*   G6/A
I's just about to do the same,
           A*   G6/A
She was standing there in back of my chair,
     D
Said to me, "Don't I know your name?"
E   F♯m
I muttered something underneath my breath,
     A   D
She studied the lines on my face.

cont.

E F♯m
I must admit I felt a little uneasy

A D E
When she bent down to tie the laces of my shoe,

G D A Asus4
Tangled up in blue.

| A Asus4 | A Asus4 | A Asus4 ||

Verse 5

A* G6/A A* G6/A
She lit a burner on the stove and offered me a pipe.

A* G6/A
I thought you'd never say hello, she said,

D
You look like the silent type.

A* G6/A A* G6/A
Then she opened up a book of poems and handed it to me,

A* G6/A D
Written by an Italian poet from the thirteenth century.

E F♯m
And every one of them words rang true

A D
And glowed like burning coal,

E F♯m
Pouring off of every page

A D E
Like it was written in my soul from me to you,

G D A Asus4
Tangled up in blue.

| A Asus4 | A Asus4 | A Asus4 ||

Verse 6

A* G6/A
I lived with them on Montague Street

A* G6/A
In a basement down the stairs,

A* G6/A
There was music in the cafés at night

D
And revolution in the air.

A* G6/A
Then he started into dealing with slaves

A* G6/A
And something inside of him died.

A* G6/A D
She had to sell everything she owned and froze up inside.

```
          E                   F♯m          A             D
cont.     And when finally the bottom fell out I became withdrawn,
             E               F♯m
          The only thing I knew how to do
              A                D                   E
          Was to keep on keeping on like a bird that flew,
          G       D   A    Asus4
          Tangled up in blue.

          | A   Asus4 | A   Asus4 | A   Asus4 ||

             A*                G6/A             A*          G6/A
Verse 7   So now I'm going back again, I got to get to her somehow.
          A*                    G6/A                 D
          All the people we used to know, they're an illusion to me now.
          A*                    G6/A  A*                   G6/A
          Some are mathematicians, some are carpenter's wives.
              A*                   G6/A
          Don't know how it all got started,
                       D
          I don't know what they're doing with their lives.
             E            F♯m       A                   D
          But me, I'm still on the road heading for another joint.
          E             F♯m
          We always did feel the same,
                A                          D      E
          We just saw it from a different point of view,
          G       D   A    Asus4
          Tangled up in blue.

          | A   Asus4 | A   Asus4 | A   Asus4 ||

Coda      ||: A*  G6/A | A*  G6/A | A*  G6/A | D       :||

          | E   F♯m | A   D | E   F♯m | A   D |

          | E       | G  D  A ||
```

This Wheel's On Fire

Words by Bob Dylan
Music by Rick Danko

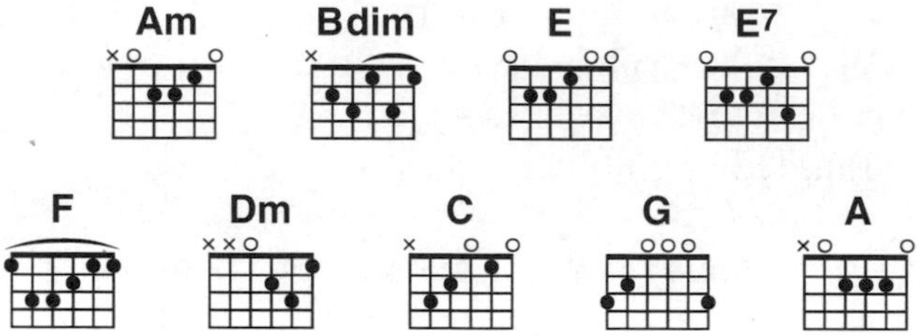

Intro | Am | Am ||

Verse 1

            Am
If your memory serves you well,
                    Bdim
We were going   to meet again and wait,
  E   E7
So I'm going to unpack all my things
    F   Dm   Am
And sit before it gets too late.
  C   Am
No man alive will   come to you
     C   Am
With another tale to tell,
    C   Am
And you know that we shall meet again
      F   Dm   Am
If your memory serves you well.

Chorus 1

Dm   F
   This wheel's on fire,
C   G
Rolling down the road,
    C G   F   C
Best notify my next of kin,
F   G   A
This wheel shall explode!

```
             Am
Verse 2      If your memory serves you well,
                          Bdim
             I was going   to confiscate your lace,
                 E                E7
             And wrap it up in a sailor's knot
                 F      Dm      Am
             And hide it in your case.
              C                  Am
             If I knew for sure that it was yours
                           C                Am
             But it was   oh so hard to tell.
                 C                              Am
             And you knew that we shall meet again,
                    F          Dm          Am
             If your memory serves you well.


Chorus 2     As Chorus 1

                  Am
Verse 3      If your memory serves you well,
                      Bdim
             You'll remember you're the one
                 E                 E7
             That called on me to call on them
                F             Dm      Am
             To get you your favours done.
                 C            Am
             And after every plan had failed
                 C                          Am
             And there was nothing more to tell,
                C                       Am
             You knew that we should meet again,
                    F          Dm           Am
             If your memory served you well.

             Dm                    F
Chorus 3        This wheel's on fire,
                C                   G
             It's rolling down the road,
                 C   G     F      C
             Best notify my next of kin,
             F         G        A
             This wheel shall explode!
```

The Times They Are A-Changin'

Words & Music by Bob Dylan

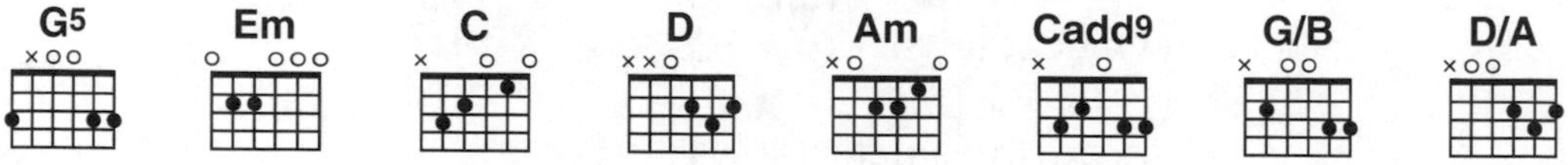

Verse 1

G5 Em C G5
Come gather 'round people wherever you roam
Em C D
And admit that the waters around you have grown,
G5 Em C G5
And accept it that soon you'll be drenched to the bone.
Am D
If your time to you is worth savin'
Cadd9 G/B D/A
Then you better start swimmin' or you'll sink like a stone,
G5 C G5
For the times they are a-changin'.

Link 1

| G5 | Em C | G5 | G5 ||
(in'.)

Verse 2

G5 Em C G5
Come writers and critics who prophesize with your pen
Em C D
And keep your eyes wide the chance won't come again,
G5 Em C G5
And don't speak too soon for the wheel's still in spin
Am D
And there's no tellin' who that it's namin'.
Cadd9 G/B D/A
For the loser now will be later to win
G5 C D G5
For the times they are a-changin'.

Link 2

| G5 Em | C G5 | G5 D | Cadd9 G/B | D/A | D/A ||
(in'.)

Verse 3

```
         G5      Em              C              G5
Come senators, congressmen,  please heed the call
                      Em            C              D
Don't stand in the doorway, don't block up the hall,
      G5          Em          C           G5
For he that gets hurt will be he who has stalled.
                   Am      D
There's a battle outside ragin'
                          Cadd9          G/B          D/A
Will soon shake your windows and rattle your walls,
            G5    C          D     G5
For the times they are a-changin'.
```

Link 3

```
| G5     | D  Cadd9 | D  G5 ||
(in')
```

Verse 4

```
          G5                Em                C       G5
Come mothers and fathers throughout the land
                   Em           C           D
And don't criticize what you can't understand.
       G5              Em               C                G5
Your sons and your daughters are beyond your command,
                   Am      D
Your old road is rapidly agin'.
                              Cadd9           G/B               D/A
Please get out of the new one if you can't lend your hand
            G5                D      G5
For the times they are a-changin'.
```

Link 4

```
| G5     | Em  C | G5     | D  Cadd9 |
(in'.)

| G/B  D/A | D/A  G5 | C  D | G5     | G5     ||
```

Verse 5

```
                 Em           C             G5
The line it is drawn, the curse it is cast
                  Em       C       D
The slow one now will later be fast
          G5       Em         C        G5
As the present now will later be past

The order is rapidly fadin'.
               Am       D
And the first one now will later be last
                         Cadd9    G/B      D/A
For the times they are a-changin'.
            G5     Em         D      G5

(in'.)
```

Coda

```
| G5     | Em  C | G5     | Em  C    ||
```

Tomorrow Is A Long Time

Words & Music by Bob Dylan

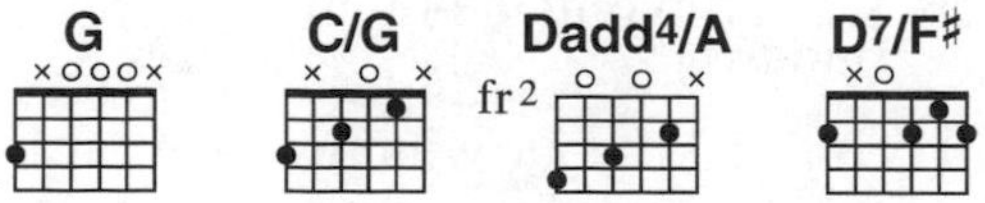

Capo third fret

Intro

| C/G G C/G G | G | C/G G |
| C/G G C/G G | G ||

Verse 1

```
G                   C/G      G        C/G
If today was not an endless highway,
G                    C/G     G
If tonight was not a crooked trail,
        C/G            Dadd4/A   G        C/G  G
If to - morrow was - n't such a long time,
        C/G                   G                   C/G  G
Then lonesome would mean nothing to you at all.
```

Chorus 1

```
           C/G          Dadd4/A            G       C/G  G
Yes, and only if my own true love was waitin',
                      C/G      Dadd4/A       G        C/G  G
Yes, and if I could hear her heart a-softly poundin',
C/G     Dadd4/A        G       C/G  G
Only if she was lyin' by me,
           C/G       D7/F♯         G
Then I'd lie in my bed once again.
```

| C/G G C/G G | C/G G ||

Verse 2

```
G                   C/G          G      C/G
I can't see my re - flection in the waters,
                   C/G                   G    C/G  G
I can't speak the sounds that show no pain,
         C/G       Dadd4/A      G       C/G  G
I can't hear the echo of my footsteps,
        C/G                        G     C/G  G
Or remember the sound of my own name.
```

Chorus 2

C/G Dadd4/A G C/G G
Yes, and only if my own true love was waitin',
C/G Dadd4/A G C/G G
Yes, and if I could hear her heart a-softly poundin',
C/G Dadd4/A G C/G G
Only if she was lyin' by me,
C/G D7/F♯ G
Then I'd lie in my bed once again.

| C/G G C/G | C/G G C/G | G ||

Verse 3

C/G G C/G G
There's beauty in the silver, singin' river,
C/G G C/G G
There's beauty in the sunrise in the sky,
C/G Dadd4/A C/G G C/G G
But none of these and nothing else can touch the beauty,
C/G Dadd4/A C/G G C/G G
That I remember in my___ true love's eyes.

Chorus 2

C/G Dadd4/A G C/G G
Yes, and only if my own true love was waitin',
C/G Dadd4/A G C/G G
Yes, and if I could hear her heart a-softly poundin',
C/G Dadd4/A G C/G G
Only if she was lyin' by me,
C/G D7/F♯ G
Then I'd lie in my bed once again.

Outro | G C/G | G D7/F♯ | G ||

Visions Of Johanna

Words & Music by Bob Dylan

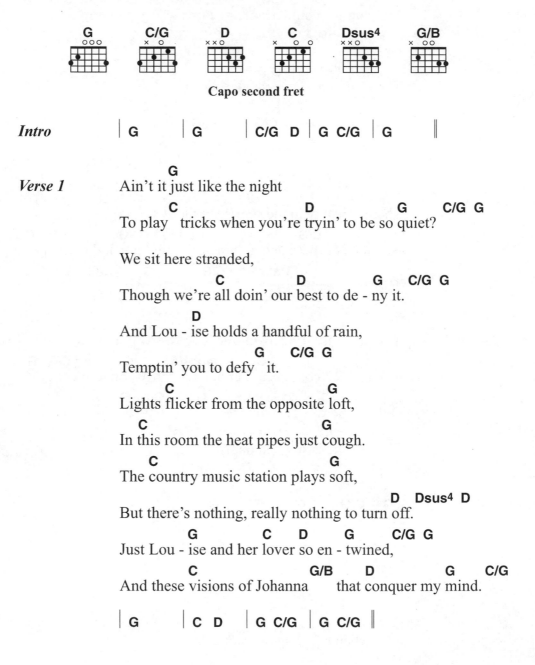

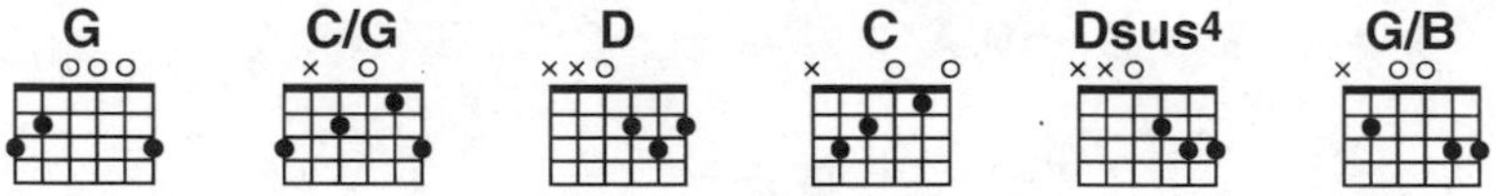

Capo second fret

```
Intro     | G     | G     | C/G  D | G  C/G | G     ||

Verse 1
                   G
          Ain't it just like the night
                    C                  D                   G      C/G  G
          To play   tricks when you're tryin' to be so quiet?

          We sit here stranded,
                       C             D            G      C/G  G
          Though we're all doin' our best to de - ny it.
                    D
          And Lou - ise holds a handful of rain,
                               G     C/G   G
          Temptin' you to defy   it.
                 C                          G
          Lights flicker from the opposite loft,
             C                             G
          In this room the heat pipes just cough.
                C                        G
          The country music station plays soft,
                                                      D   Dsus4  D
          But there's nothing, really nothing to turn off.
                     G            C    D       G       C/G  G
          Just Lou - ise and her lover so en - twined,
                    C                   G/B    D         G      C/G
          And these visions of Johanna      that conquer my mind.

          | G     | C  D  | G  C/G | G  C/G ||
```

Verse 2

C/G G
In the empty lot where the ladies
C D G C/G G
Play blind man's bluff with the key chain,
C D
And the all-night girls, they whisper of esca - pades
G C/G G
out on the "D" train.
D
We can hear the night watchman click his flashlight,
G C/G G
Ask himself if it's him or them that's in - sane.
C G
Louise, she's all right, she's just near,
C G
She's delicate and seems like the mirror,
C G
But she just makes it all too concise and too clear,
D Dsus4 D
That Johanna's not here.
G
Oh, the ghost of electricity
C D G C/G G
Howls in the bones of her face,
C G/B
Where these visions of Johanna
D G C/G
Have now taken my place.

| G | C D | G C/G | G C/G ||

Verse 3

C/G G
Now, little boy lost,
C D G C/G G
He takes himself so seriously.

He brags of his misery,
C D G C/G G
He likes to live dangerously.
D
And when bringing her name up,
G C/G G
He speaks of a farewell kiss to me.
C G
He's sure got a lotta gall,
C G
To be so useless and all.

cont.

                C   G
Muttering   small talk at the wall,
                      D   Dsus4 D
While I'm in the hall.

              G
Oh, how   can I explain?
C   D   G   C/G G
It's so hard to get on.
               C   G/B
And these visions of Johanna,
                  D   G   C/G
They kept me up past the dawn.

| G | C D | G C/G | G C/G ||

Verse 4

C/G G
In - side the museums,
C   D   G   C/G G
   Infinity goes up on trial.
                                     C
Voices echo this is what sal - vation
            D   G   C/G G
Must be like after a while.
            D
But Mona Lisa musta had the highway blues,
                                          G   C/G G
You can tell by the way she smiles.
        C   G
See the primitive wallflower freeze
           C   G
When the jellyfaced women all sneeze.
          C   G
Hear the one with the moustache say, "Jeeze,
                D   Dsus4 D
I can't find my knees."
   G
Oh, jewels and binoculars
C   D   G   C/G G
Hang from the head of the mule.
             C   G/B
But these visions of Johanna
                  D   G   C/G
They make it all seem so cruel.

| G | C D | G C/G | G C/G ||

```
           C/G  G                        C
Verse 5    The  peddler now speaks to the countess
                     D          G              C/G  G
           Who's pre - tending to care for him.
                                                   C
           Sayin', "Name me someone that's not a parasite  and
                D             G                    C/G  G
           I'll go out and say a prayer for him."
                         D
           But like Lou - ise always says;

           "Y' can't look at much, can y' man?"
                                 G
           As she, herself, pre - pares for him.
                     C                      G
           And Ma - donna, she still has not showed.
                       C                     G
           We see this empty cage now cor - rode
                      C                        G
           Where her cape of the stage once had flowed.
                       C                  G
           The fiddler, he now steps to the road.
                     C                                  G
           He writes ev'rything's been returned which was owed
                  C                       G
           On the back of the fish truck that loads,
                                       D
           While my conscience ex - plodes.
                     G                C      D             G    C/G  G
           The har - monicas play the skeleton keys and the rain,
                     C                G/B
           And these visions of Johanna
                    D            G  C/G
           Are now all that remain.

Outro      ||: G     | C  D   | G  C/G | G  C/G :||  Repeat to fade
```

What Good Am I?

Words & Music by Bob Dylan

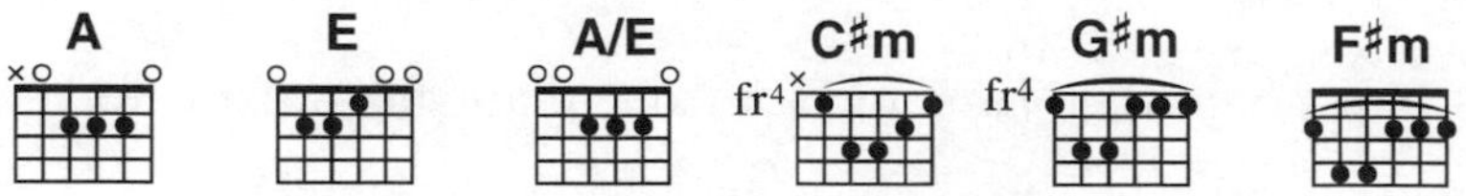

Intro | A E | A E | A E ||

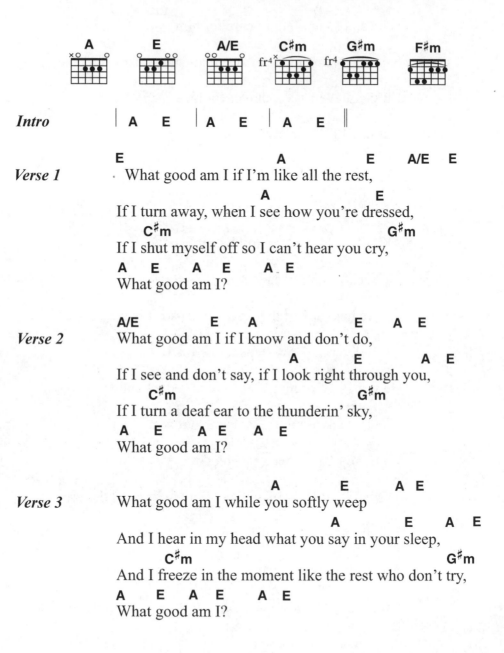

Verse 1
E   A   E   A/E E
What good am I if I'm like all the rest,
                              A   E
If I turn away, when I see how you're dressed,
     C#m   G#m
If I shut myself off so I can't hear you cry,
A   E   A   E   A E
What good am I?

Verse 2
A/E   E   A   E   A E
What good am I if I know and don't do,
                                A   E   A   E
If I see and don't say, if I look right through you,
      C#m   G#m
If I turn a deaf ear to the thunderin' sky,
A   E   A E   A E
What good am I?

Verse 3
                              A   E   A E
What good am I while you softly weep
                                      A   E   A   E
And I hear in my head what you say in your sleep,
          C#m   G#m
And I freeze in the moment like the rest who don't try,
A   E   A   E   A E
What good am I?

Verse 4

```
      C#m
What good am I then to others and me
                                G#m
If I've had every chance and yet still fail to see
      C#m
If my hands are tied, must I not wonder within
                              G#m          F#m
Who tied them and why and where must I have been?

E                A        E      A   E
  What good am I if I say foolish things
                       A         E   A    E
And I laugh in the face of what sorrow brings
     C#m                            G#m
And I just turn my back while you silently die
A    E    A   E    A   E    A   E
What good am I?
```

Outro

```
|: E        | A    E  | E        | A    E  :|
| C#m       | G#m     |: A    E  | A    E  :|
```

Repeat to fade

You're A Big Girl Now

Words & Music by Bob Dylan

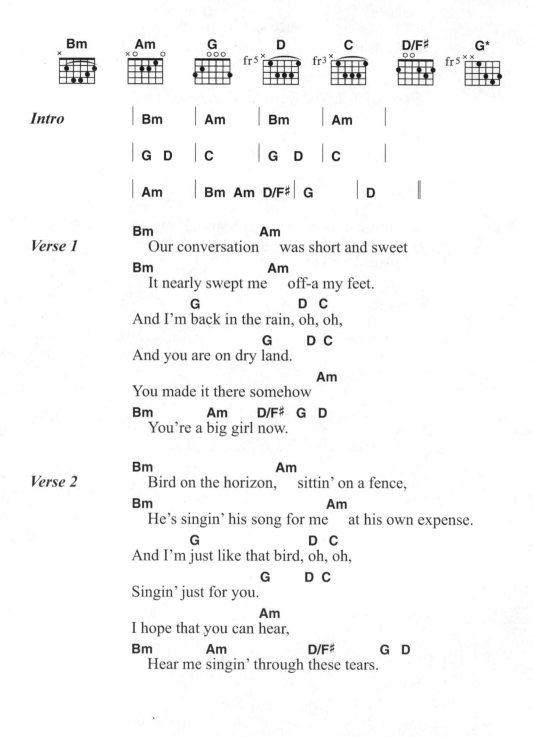

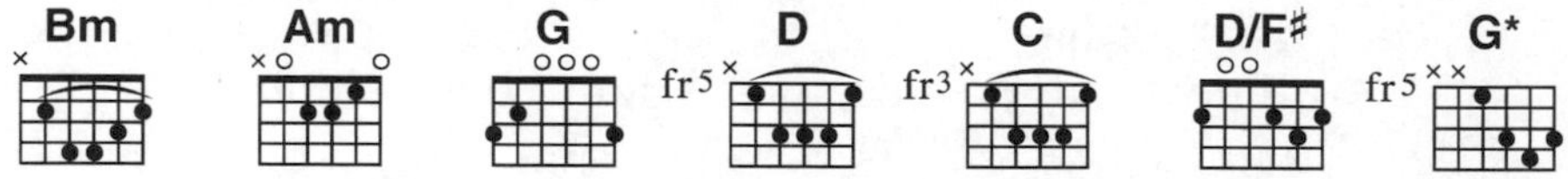

Intro

| Bm | Am | Bm | Am |

| G D | C | G D | C |

| Am | Bm Am D/F♯ | G | D ||

Verse 1

```
Bm                      Am
   Our conversation     was short and sweet
Bm                         Am
   It nearly swept me      off-a my feet.
           G                      D  C
And I'm back in the rain, oh, oh,
                        G       D C
And you are on dry land.
                                       Am
You made it there somehow
Bm              Am        D/F♯  G  D
   You're a big girl now.
```

Verse 2

```
Bm                           Am
   Bird on the horizon,      sittin' on a fence,
Bm                                    Am
   He's singin' his song for me      at his own expense.
           G                          D  C
And I'm just like that bird, oh, oh,
                        G       D C
Singin' just for you.
                          Am
I hope that you can hear,
Bm              Am             D/F♯            G   D
   Hear me singin' through these tears.
```

Verse 3

```
Bm                  Am
   Time is a jet plane,   it moves too fast
Bm                        Am
   Oh, but what a shame if all we've shared can't last.
      G               D  C
I can change, I swear, oh, oh,
                    G     D  C
See what you can do.
               Am
I can make it through,
Bm     Am     D/F#    G     D
   You    can make it too.
```

Verse 4

```
Bm                  Am
   Love is so simple,   to quote a phrase,
Bm                                      Am
   You've known it all the time, I'm learnin' it these days.
     G                               D  C
Oh, I know where I can find you, oh, oh,
               G      D  C
In somebody's room.
                    Am
It's a price I have to pay
Bm        Am      D/F#   G    D
   You're a big girl all the way.
```

Verse 5

```
Bm                        Am
    A change in the weather   is known to be extreme
Bm                                     Am
   But what's the sense of changing horses in midstream?
           G               D  C
I'm going out of my mind, oh, oh,
                          G     D  C
With a pain that stops and starts
                       Am
Like a corkscrew to my heart
Bm     Am          D/F#       G     D
   Ever since we've been apart.
```

Outro

```
| Bm      | Am      | Bm      | Am      |

| G  D    | C       | G  D    | C       |

| Am      | Bm  Am  D/F# | G    | D     | G      ‖ To fade
```

You Ain't Goin' Nowhere

Words & Music by Bob Dylan

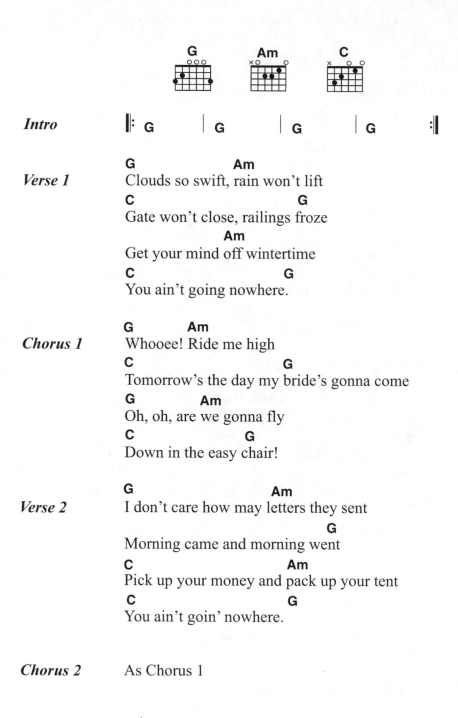

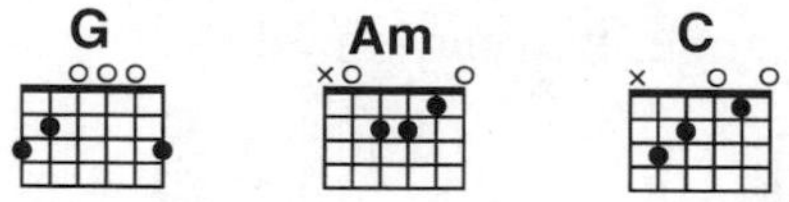

Intro | 𝄆 G | G | G | G 𝄇

Verse 1

G Am
Clouds so swift, rain won't lift
C G
Gate won't close, railings froze
Am
Get your mind off wintertime
C G
You ain't going nowhere.

Chorus 1

G Am
Whooee! Ride me high
C G
Tomorrow's the day my bride's gonna come
G Am
Oh, oh, are we gonna fly
C G
Down in the easy chair!

Verse 2

G Am
I don't care how may letters they sent
G
Morning came and morning went
C Am
Pick up your money and pack up your tent
C G
You ain't goin' nowhere.

Chorus 2 As Chorus 1

Verse 3

```
G                  Am
Buy me a flute and a gun that shoots
C                   G
Tailgates and substitutes
                  Am
Strap yourself to the tree with roots
C                   G
You ain't goin' nowhere.
```

Chorus 3 As Chorus 1

Verse 4

```
G                Am
Genghis Khan, he could not keep
C                      G
All his kings supplied with sheep
                     Am
We'll climb that hill no matter how steep
C                G
When we get up to it.
```

Chorus 4 As Chorus 1

Outro ||: G | Am | C | G :|| *Repeat to fade*

When The Deal Goes Down

Words & Music by Bob Dylan

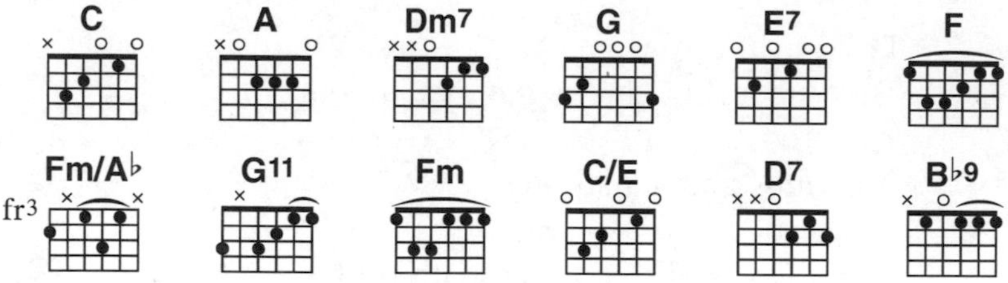

Capo first fret

```
Intro        | C        | A        | Dm7      | G        ||

             (G)   C          E7           F                Fm/A♭
Verse 1      In the still of the night, in the world's ancient light
                     C            G11          C       G
             Where wisdom grows up in strife.
                       C              E7  F          Fm/A♭
             My be - wildering brain, toils in vain
                           C                        G11        C
             Through the darkness on the path - ways of life.
                       F         Fm                C
             Each in - visible prayer is like a cloud in the air,
                  F              C/E          D7      G11
             To - morrow keeps turning a - round.
                 C             E7        F              Fm/A♭
             We live and we die, we know not why,
                         C                      G11        C       G
             But I'll be with you when the deal goes down.
```

```
           (G) C             E7           F                   Fm/A♭
*Verse 2*  We eat and we drink, we feel and we think,
           C                G11         C     G
           Far down the street we stray.
            C               E7            F           Fm/A♭
           I laugh and I cry and I'm haunted by
                  C                        G11        C
           Things I never meant nor wished to say.
               F                Fm  C
           The midnight rain    follows the train,
              F               C/E          D7       G11
           We all wear the same thorny crown.
           C          E7          F             Fm/A♭
           Soul to soul, our shadows roll,
                          C                        G11          C        G
           And I'll be with you when the deal goes down.
```

```
Guitar solo 1  | C      | E7     | F      | Fm/A♭  |

               | C      | G11    | C      | G      ||
```

```
           (G)         C                E7            F              Fm/A♭
*Verse 3*  Well, the moon gives light and it shines by night,
                                 C   G11        C   G11
           When I scarce- ly feel the glow.
              C          E7         F                      Fm/A♭
           We learn to live and then we for - give,
                      C               G11         C
           Over the road we're bound to go.
               F                      Fm         C
           More frailer than the flowers, these precious hours
               F              C/E          D7   G11
           That keep us so tightly bound.
              C              E7              F                       Fm/A♭
           You come to my eyes like a vision from the skies,
                          C                        G11          C        G
           And I'll be with you when the deal goes down.
```

```
Guitar solo 2   | C        | E7       | F        | B♭9      |

                | C        | G11      | C        | G        ||

                (G)    C             E7            F                     Fm/A♭
Verse 4         Well, I picked up a rose and it poked through my clothes,
                  C            G11       C        G
                I followed the winding stream.
                          C             E7   F                Fm/A♭
                I heard the deafening noise, I felt transient joys,
                C               G11              C
                I know they're not what they seem.
                        F                Fm                  C
                In this earthly do - main, full of disap - pointment and pain,
                          F    C/E     D7   G11
                You'll ne - ver see me frown.
                        C         E7             F             Fm/A♭
                I owe my heart to you, and that's sayin' it's true,
                          C                      G11       C       G
                And I'll be with you when the deal goes down.

Outro           | C        | A        | Dm7      | Fm  G    | C        ||
```